地势坤，君子以厚德载物。

蒙曼说历史

大隋兴衰四十年

3 雄略暴君

蒙曼 著

浙江教育出版社 · 杭州

图书在版编目（CIP）数据

大隋兴衰四十年．3 / 蒙曼著．— 杭州：浙江教育出版社，2020.11

（蒙曼说历史）

ISBN 978-7-5722-0566-8

Ⅰ．①大… Ⅱ．①蒙… Ⅲ．①中国历史—隋代—通俗读物 Ⅳ．① K241.09

中国版本图书馆 CIP 数据核字（2020）第 135075 号

责任编辑 蔡 歆　**美术编辑** 曾国兴
责任校对 赵露丹　**责任印务** 沈久凌
产品经理 魏 帆 魏 强　**特约编辑** 孙悦久

蒙曼说历史
MENG MAN SHUO LISHI
大隋兴衰四十年 3
DASUI XINGSHUAI SISHI NIAN 3

蒙曼 著

出版发行 浙江教育出版社
（杭州市天目山路 40 号 电话：0571-85170300-80928）
印 刷 河北鹏润印刷有限公司
开 本 880mm × 1230mm 1/32
成品尺寸 145mm × 210mm
印 张 10
字 数 188000
版 次 2020 年 11 月第 1 版
印 次 2020 年 11 月第 1 次印刷
标准书号 978-7-5722-0566-8
定 价 45.00 元

如发现印装质量问题，影响阅读，请与本社市场营销部联系调换。
电话：0571-88909719

再版序

看过去的作品，有点儿像看青年时代的照片。比着剪刀手，穿着过时的衣裳，乍一看几乎认不出来，自家几时有过这般可笑的模样？可是，再一看，那眉眼，那神情，不是自家又是谁呢？只不过是身形再细些，脸庞再鼓些，嘴角再翘些，看起来都是无足轻重的改变，却又是再高级的美颜相机也打造不出来的模样。

我们年轻的时候，只要不是过分自大的人，任谁听说，你现在这个样子最美，都不会轻易承认吧？我们总对自己有各种各样的不满，发型太丑，大腿太粗，笑容太野，这林林总总的问题，难道日后不会一一修正吗？我们都相信，修正了之后的自己才是最好的自己。殊不料，若干年之后，浓密的黑发委了地，肥厚的脂肪上了腰，浅浅绽放的笑容里也多了皱纹的加持——我们一直在努力，却终未长成自己理想的模样。非但没有长成，甚至还多了一点儿“盛年不重来”的惆怅。所以，人生究竟是用来经历的，还是用来修正的？修正了之后，真的就会更好吗？

若并未更好，为什么我们还要汲汲于修正？

这些问题，在此次修正书稿的过程中都曾反复回旋于我的脑海，回旋之后，我的态度是保守的——只美颜，不动刀吧。所谓动刀，就是外科手术式的修正，腿短了接骨，腰粗了去脂，乃至改头换面，重新做人。这样的做法放在书稿上，可能就意味着调结构，换立场，改结论，“不惜以今日之我，难昔日之我”。我固然佩服这样每日精进的锐气，却全无躬身践行的勇气，因为这套书出版近十年来，无论是我自己，还是整个隋唐史学界，对隋代的认识并无突破性进步，在这种情况下贸然伤筋动骨，实恐得不偿失。

尽管如此，美颜还是必要的。当日木兰凯旋，“当窗理云鬓，对镜帖花黄”，曾让多少伙伴惊喜交加：“同行十二年，不知木兰是女郎。”确实，洗去十二年征尘的木兰，在伙伴的眼里，不也恍若脱胎换骨一般了吗？把这动人的一幕置换到书稿上来，我也权做画眉张敞，弄粉调朱吧。

首要的“美颜”自然是洗其污垢。其中最大的“污垢”当数隋炀帝陵的位置。史载隋炀帝死后，辗转迁葬雷塘。隋唐时期雷塘的位置久已失载，清嘉庆十二年（1807 年），大学士阮元经考证，认定扬州市邗江区槐泗镇槐二村的土墩墓即为雷塘隋炀帝陵，并请时任扬州知府伊秉绶立石书碑。阮元为一代学宗，其说一出，几成定论。本书初版之时，也沿袭此说。然天不藏道，地不爱宝，2013年，真正的隋炀帝墓在扬州市西湖镇司徒村曹庄发掘出土，千载之疑，至此冰释。此番修订，自当存真去伪，改用新说。除此之外，还有若干其他讹谬，此次修订也一并改正。盖史书之事实错误犹如美人之面上污点，这类修正，算是洗了污垢。

其次的“美颜”是增其华彩。原书稿脱胎于《百家讲坛》讲稿，以当时口语成书，虽有“如闻其声”之得，却也有“文不雅驯”之失。此次修订，一律润饰，冀少增文采。这类笔削，散在章章节节，字字句句，看似简单，但操作起来，才真正理解古人“推敲”之不易。盖文辞之简陋伧荒犹如美人之粗服乱头，这类修订，算是施了淡妆。

袁枚诗云：“爱好由来下笔难，一诗千改始心安。阿婆还似初笄女，头未梳成不许看。”想来阿婆白发皤然，纵使梳头，难夸云鬓。但洗面施妆，终是爱己尊人之举，其情可感。俾观者知之，不亦乐乎？

蒙曼

2020年3月23日

序言

隋炀帝，众人眼中的“大暴君”。可是，谁能否认他的审美价值呢！万丈豪情，千秋功业，再配上一个悲剧性的结局，一个不铁面无情的谥号，如此巨大的张力，万人恨，万人迷。

在我家里，妈妈最喜欢为隋炀帝鸣不平了。她总对隋炀帝的英雄气概啧啧称奇，也总为他后来的身死国亡叹息不已。每到这时候，我就问她：“隋炀帝可是踩着万民的尸骨去摸天呢，您一个小老百姓，愿意生活在他的统治下吗？”老人家立刻不说话了，但是，到下一次，照样惋惜。

爸爸更有趣。有一天，他推开我的房门，递给我一张皱巴巴的纸，然后说：“我写了一首诗。”我赶紧肃立，拜读。这哪里是一首诗哟！是六首呢，有绝句，有律诗。更重要的是，所有的诗都指向一个共同的主题——隋炀帝。我在微博里写过，爸爸是一个有点才子气，又有点英雄气的人。他会半真半假地感慨生不逢时，未能允许他大展长才，而我和妈妈会半开玩笑地打击他，说他有心无力。时也，命也，这不正是人类慨叹的永恒主题吗？

这六首诗就放在我面前。我确信，它们的第一读者和批判者绝不是我，一定是我那有着清醒头脑和发达情感的妈妈。我还确信，它们最终的读者和批判者仍然不是我，因为我已经打算把它们奉献给大家 —— 我的读者们。

《怀古六首》——蒙善泉

南游怀古（一）

春水悠悠秋水长，运河两岸好风光。
稻浪滚滚千顷碧，荷花亭亭十里香。
扁舟浮云织锦绣，绿柳青烟笼画舫。
翁媪黄昏闲来坐，指点晚霞话隋皇。

南游怀古（二）

半江锦帆半江霞，风拂绿草水蒙沙。
扬子浪卷千堆雪，钱塘潮推一线涯。
石头城下听昆曲，虎丘塔侧品新茶。
最是游人销魂处，隋堤柳影洛阳花。

甘肃行

祁连山高万木幽，瀚海黄河一望收。
大斗拔谷君涉险，观风行殿草伏诛。
怀远何惧餐风露，睦邻敢忘万兜鍪。

隋筑长城今安在，惆怅遥瞻漠北头。

洛阳怀古

洛城一望春渐深，隋堤漫步忆前尘。

勃兴忽亡诘千古，载舟覆舟俱斯民。

炀帝陵

雷塘自古号繁华，碧瓦红墙百千家。

可叹一隅隋皇墓，孤坟老树宿寒鸦。

雷塘行

和风微醺日欲斜，红楼碧野接天涯。

游人或谓春将老，我来雷塘拾落花。

妈妈眼中的隋炀帝在叹息里，爸爸眼中的隋炀帝在诗文里。那么，我眼中的隋炀帝呢？应该就在这本书里吧。很多朋友会发现，和我以前的几本书不同的是，这个前言并未涵盖对隋炀帝的整体评价。也许，如此毁誉交织的人生，如此跌宕起伏的命运，如此波澜壮阔的历史，本来就不该由一篇短短的前言容纳。因此，还请您耐下心来，从头看起。

蒙曼

2012 年 5 月 4 日

目录

隋炀帝，一个中国历史上备受唾骂的皇帝。在市井传说中，他弑父杀兄，奸母淫妹，凶残暴虐。在正史记载中，他大兴土木，穷兵黩武，好大喜功。一个“炀”的谥号，永远把他钉在了历史的耻辱柱上。千百年来，他已经固化成为人们心目中昏君与暴君的典型。

君不见，大运河沟通南北，通波千载；洛阳城威震东方，千古名城。一善固然不能遮百恶，但一罪也不能废百功。历史上的隋炀帝，真的一无是处吗？他这个人，到底有几分是魔鬼，又有几分是英雄？

隋朝两代皇帝，各建造了一座城，隋文帝建造了大兴城，也就是后来的长安城，隋炀帝则建造了洛阳城。大兴城在当时已经独一无二了，为什么在这么近的时间内隋炀帝还要大兴土木？隋炀帝建造的洛阳城和大兴城比起来有什么不同？这座都城，又反映了隋炀帝怎样的眼光和心胸？

说起隋炀帝，无论如何也绕不过他开凿大运河。有人说“种柳开河为胜游”，批评隋炀帝仅仅为了满足个人巡游江南的私欲，就大兴劳役，陷民于水火；也有人说“至今千里赖通波”，称赞大运河的开凿为沟通南北做出了贡献。隋炀帝开凿运河，真的只是为了饱览江南美景吗？大运河对中国历史又到底意味着什么？

大运河的开凿，尽管有长远意义上利国利民的一面，但它带给隋炀帝更多的是骂名。大运河开通后，隋炀帝做的第一件事就是游江都。巡游江都固然让隋炀帝本人风光无限，但也让后来的史家和小说家捕风捉影，大肆渲染，直至演绎成隋炀帝一生最大的罪状之一。隋炀帝为什么非要那么大张旗鼓地游江都？为什么这次巡游会招致那么多的非议？

隋炀帝登基以后，马不停蹄地建东都、开运河、游江都，通过这三个大动作，有力地巩固了隋朝的统治，基本解决了大隋帝国西部、东部和南部的整合问题。接着大业三年（607），有着长远政治眼光的隋炀帝又把目光移向北方，那里是一片由突厥人控制的辽阔土地。隋炀帝准备怎样加强自己在北方的影响力？他又是如何定位大隋与突厥之间的关系的？他出巡塞北又是出于怎样的政治目的？

隋炀帝无疑是个具有雄才大略并且野心勃勃的皇帝。他的眼光不仅盯着内地，也盯着边疆，跃跃欲试地准备着开疆拓土，威加八方。出巡塞北以后，大隋王朝的东、南、北三个方向都已经稳固下来，这时候，隋炀帝又把目光转向了西方。西域，那是传统的丝绸之路延伸的方向，有着广袤的土地和擅长经商的民族。当年，汉武帝曾经把汉朝的势力发展到这片土地上。那么隋炀帝打算如何解决西域问题？

在中国古代的皇帝中，隋炀帝走得最远，走的路最多。他在位十四年，真正住在大兴城的时间不足两年，住在东都洛阳的时间也不到四年，其他时间都是在巡游中度过。他曾西巡青海和河西走廊，足迹踏过大西北的山山水水。特别是在大业五年（609）翻越海拔四千米以上的祁连山脉时，由于自然条件恶劣，风餐露宿，随行的许多士兵冻饿而死，

隋炀帝不甘心第一次东征高句丽的失败，半年后再次御驾亲征。吸取教训的隋军凭借优良的兵力，周密的部署安排，即将大获全胜，一雪前耻。然而就在关键时刻，突然发生了一件意外之事，迫使隋炀帝忍痛放弃大好形势，再一次无功而返。这又是怎么回事？

第一章 悲情天子

隋炀帝，一个中国历史上备受唾骂的皇帝。在市井传说中，他弑父杀兄，奸母淫妹，凶残暴虐。在正史记载中，他大兴土木，穷兵黩武，好大喜功。一个“炀”的谥号，永远把他钉在了历史的耻辱柱上。千百年来，他已经固化成为人们心目中昏君与暴君的典型。

君不见，大运河沟通南北，通波千载；洛阳城威震东方，千万名城。一善固然不能遮百恶，但一罪也不能废百功。历史上的隋炀帝，真的一无是处吗？他这个人，到底有几分是魔鬼，又有几分是英雄？

一、英雄天子

隋炀帝是何许人也？很多人想都不用想，就会说：昏君，暴君。要不怎么会那么快就搞垮了大隋朝？要不怎么会留下那么多荒淫无耻的传说故事？要不怎么会谥号为“炀”？按照《逸周书·谥法解》，“逆天虐民曰炀”。一个皇帝，又好色，又违礼，又虐民，又逆天，这不是昏君、不是暴君是什么？

没错，隋炀帝作为昏君、暴君的骂名从隋末农民起义时就传开了，而且一直被骂到今天，骂了一千多年。但是，现在总结隋炀帝，我倒想给他几个新评价。

第一，理想高。

第二，精力好。

第三，功业大。

第四，才情美。

先看第一点，理想高。隋炀帝的理想是什么？一句话，就是要建立“轥轹轩、唐，奄吞周、汉”的伟大业绩，当一个“子孙万代，人莫能窥”的千古一帝。所谓“轥轹轩、唐，奄吞周、汉”，就是要超过轩辕，超过唐尧，超过西周，也超过两汉。轩辕黄帝和唐尧都是古代传说中的圣王，西周和两汉则以统治时间长著称。这四个时代，都是中国历史上的黄金盛世，隋炀帝若是超过他们，那确实算得上前无古人了。再加上“子孙万代，人莫能窥”，那就是后无来者。一个皇帝想要让自己的功业前无古人、后无来者，当然称得上是理想高了。

这句话说得很豪迈，问题是，它是从哪里来的呢？这两句话出自《隋书·杨玄感传》，是唐朝建立之后，魏徵等人修《隋书》时对隋炀帝的总结。换言之，这是他评价而不是自评价，不能完全采信。要全面评价隋炀帝的理想，还得看看他自己怎么说。

隋炀帝自己倒是没怎么公然谈论过理想，但是，他的年号透露了他的心思。隋炀帝的年号叫大业。所谓大业，就是千秋万代的伟业，用这样一个年号，足以显示出统治者的雄心壮志。

事实上，当时议论这个年号的时候，有人提过反对意见，说大业的“业”字（繁体字作“業”），可以拆成一个“苦”字和一个“末”字。所以，“大业（業）”就是“大苦末”，苦而且末，很不吉利，让隋炀帝换一个。可是，隋炀帝不信邪，坚决不换。从这件事可以看出来，成就一番大业，在隋炀帝心里有多重的分量。一个皇帝有这样的人生理想，难道还不叫理想高吗？

再看第二点，精力好。再高的理想，也要靠人去实现。因此，理想越高，人要付出的努力也就越大。对于这一点，隋炀帝非常清楚。他可不是一个懒惰的皇帝。他说：“自古天子有巡狩之礼，而江东诸帝多傅脂粉，坐深宫，不与百姓相见，此何理也？”南朝的皇帝为什么不行？因为太宅，太娘娘腔了，整天涂脂抹粉坐在深宫里，对外界一点都不了解，对老百姓的事情一点都不知道，这怎么行呢？

隋炀帝瞧不起端坐深宫的皇帝，他下定决心，要充分接触社会。所以，从上台开始，隋炀帝就不停地四出巡游。在位十四年间，他三下江都，四巡塞北，还有一次西巡张掖。大规模、远距离的出巡就有八次之多，在西京大兴城和东都洛阳之间往来更成了家常便饭。

唐史学家岑仲勉先生曾经做了一次统计，隋炀帝在位十四年中，待在大兴城的时间累计只有一年多，在东都洛阳的时间累计不超过四年，其余时间都在各地巡游，他的人生就是在路上。这得多充沛的精力才能做到啊！

再看第三点，功业大。隋炀帝有如此高远的理想，再有如此充沛的精力，当然要建立一番不世出的功业。

隋炀帝有什么功劳？他的所有功绩中，影响最深远的是两项大工程，一个是营建东都洛阳，另一个是开凿大运河。

隋炀帝为什么要营建东都洛阳？那是要把隋朝的东、西连在一起。他为什么要开凿大运河？那是要把隋朝的南、北连在一起。要知道，隋朝本来是由原来西边的北周、东边的北齐还有南边的陈朝三部分组成的。隋文帝时候，虽然用军事力量把这三部分捆绑成一个统一体，但是，这个统一体内部的裂痕还相当明显。怎样才能让这三部分真正成为一个不可分割的有机体呢？隋炀帝给出的答案就是营建洛阳城和开凿大运河。

随着洛阳城的修建，隋朝在东部有了一个稳定的据点，从此，两京密切往来，对东方的整合就容易了不少。而随着大运河的开通，隋朝的南、北两部分终于有了一条连在一起的大动脉。从此，贸易流通、人员往来的洪流势不可当，中国的南方和北方才形成了打断骨头连着筋的关系，再也不能截然分开。这样一来，隋朝的统治就稳固下来了。

要评价一件事业是不是足够伟大，除了看它的当前价值之外，更要关注它的长远价值。在这一点上，东都洛阳和大运河都无懈可击。这两项工程不仅对隋朝有用，对继之而起的唐朝也有用，而且可以说是更有用。唐朝跟隋朝一样实行东、西两京制，武则天时期干脆定都洛阳，把洛阳作为最重要的政治中心。而大运河也继续发挥着沟通南、北的功能。

到唐朝，南方经济和文化飞速崛起，当时的人力和物力，就是通过大运河这条大动脉，源源不断地输送到北方。特别是安史之乱后，唐朝东北部地区的土地、财富都被割据的藩镇把持，不再上供给中央了，这让唐朝损失了最大的财源。但是，就靠着运河输送过来的东南财富，远在西北地区的李唐朝廷硬是又生存了一百五十年，这就是大运河的伟大作用！所以，唐朝后期的人提起大运河，都不由得流露出感恩之心。其中，皮日休的《汴河怀古》流传最广：“尽道隋亡为此河，至今千里赖通波。若无水殿龙舟事，共禹论功不较多。”把隋炀帝开凿大运河，沟通江南经济中心和北方政治中心的功劳与大禹治水相提并论，这也算得上对隋炀帝的最高赞美了！

再看第四点，才情美。毛泽东在《沁园春·雪》中评价古代君主说：“惜秦皇汉武，略输文采；唐宗宋祖，稍逊风骚。一代天骄，成吉思汗，只识弯弓射大雕。”确实，人无完人，中国历史上，有为的君主，比如唐太宗、宋太祖，往往在才情上稍逊一筹，显得无趣。而有才情的君主，比如李后主、宋徽宗，又往往在政治上糊涂荒唐，显得无能。能够把功业和才情集于一身的皇帝，在历史上非常难得，唐玄宗算是一个代表，如果要再找一个代表，那就应该是隋炀帝了。

唐玄宗最突出的特长是音乐，而隋炀帝最突出的特长则是赋诗。要知道，隋炀帝生活的时代，还是宫体诗大行其道的时代，所谓宫体诗，就是在内容上偏重写宫廷生活和男女爱情，在形式上追求辞藻华丽，在格调上则比较轻佻甚至下流。这是当时诗坛的主流。但是，隋炀帝一出手，马上境界就不一样了。

即便在西巡那样艰苦的环境中，隋炀帝也照样诗兴大发。其中有一首《饮马长城窟行》流传至今，堪称代表：“肃肃秋风起，悠悠行万里。万里何所行，横漠筑长城。岂合小子智，先圣之所营。树兹万世策，安此亿兆生。”这首诗还是写宫廷生活，男欢女爱吗？不是的，它是写大漠风光，英雄豪情。它还是堆砌辞藻，无病呻吟吗？也不是，它质朴凝重，大气磅礴。这首诗一扫宫体诗的淫靡之气，让人一下子想起了魏武帝曹操的慷慨悲歌。按照当时人的说法，“隋炀起敝，风骨凝然”，“隋炀从华得素，譬诸红艳丛中，清标自出。”大意是说，隋炀帝在非常华丽的状态之中，追求一种素雅的境界，就好比在万花丛中开出了一朵清新的芙蓉，他一洗南朝以来颓唐的诗风，而追求一种诗的本真的境界。他让诗超越了宫体诗纤靡的风格，而且直接接上了大气磅礴的汉魏雄风。

如果在隋朝只讲一个代表性诗人，那应该就是隋炀帝，他是当时写诗质量最高的人。而如果要讲一个最高产的诗人，那仍然应该是隋炀帝。因为隋炀帝现今留下来的诗一共是四十余首，在所有隋朝诗人里也是排名第一。

一个有为的皇帝，能够同时成为当时最伟大的诗人，这还不意味着绝世的才情吗？事实上，就是一代圣君唐太宗李世民，对隋炀帝的诗才也非常佩服，佩服到什么程度？别看他整天跟大臣探讨隋炀帝为什么亡国，但是私下里，他又把隋朝的乐工请回来，让他们把隋炀帝的诗谱成曲子，在宫里演唱。这说明唐太宗虽然在政治上是隋炀帝的对头，但在诗才上，却是一个不折不扣的粉丝呢！

二、独夫民贼

如此志存高远、才华横溢、精力过人而又功勋卓著的皇帝，怎么会成为亡国之君？而且，只统治了十四年，还留下了那么多的骂名。这个矛盾怎么解决？

我觉得，正是因为隋炀帝太能干了，因此也太急躁、太骄傲，把好事办坏了。

先看太急躁。隋炀帝不是有前无古人、后无来者的远大理想吗？他需要把这理想变成现实。理想是奋斗出来的，那就全国人民总动员，大干快上吧。隋炀帝一上台，那些彪炳史册的大工程就连续上马，老百姓都被分派到各个工地劳动去了。

就拿隋炀帝时期最著名的三项工程来说，大业元年（605）修东都洛阳，总计用十个月的时间，每月用工两百万；大业三年（607）修长城，发丁百余万；大业元年到大业六年（610）修大运河，累计用工三百万以上。

把这些林林总总的工役加起来，大业年间老百姓的负担到底有多重？唐史学者胡如雷先生曾经做过一项估算。他说，从仁寿四年（604）隋炀帝即位，到大业八年（612）第一次东征高句丽，八年之间，隋炀帝一共兴修了二十二项大的公共工程，总共动用的人力达到三千零一十二万人次。要知道，隋炀帝时期全国人口才四千六百万，八年时间就动用了三千多万人次的劳力，每年平均征用四百万左右的劳动力，占到了总人口的将近十分之一几乎就是全国成年男丁的总数了，这不是滥用民力吗？

隋炀帝为什么如此疯狂？一言以蔽之，太急于求成了。一万年太久，只争朝夕，恨不得一天就跑步进入太平盛世，完全不考虑老百姓的承受能力，谁受得了呢？

人的心情如果急躁，脾气就容易暴躁，不体谅人情。隋炀帝是一个精力极端充沛的人，是个超人。但是，全国人民大多数并不是超人，而是普通人。无论是智力、体力还是精力都不如他。但是，隋炀帝可不体谅这一点。他觉得，没有做不到，只有想不到。换言之，只要他想得到，老百姓就必须做得到。如果谁做不到，那就是不努力，就是游手好闲，就要加强管教。这样一来，老百姓惨了，每天都要超负荷劳动，稍微一松懈，监工的皮鞭就下来了。

隋炀帝这样蛮横的结果是什么？是劳动人民的大批死亡。

按照史书记载，营建东都洛阳，“僵仆而毙者，十四五焉”；修长城，“死者十五六”；挖大运河，“死尸满野”，河挖到哪里，运送尸体的车子就跟到哪里。隋炀帝的理想不是要建立前无古人、后无来者的太平盛世吗？可是，现实居然是男丁尸横遍野，妇孺哀哀无告。理想如此丰满，现实如此骨感，真是莫大的讽刺。

隋炀帝的理想和现实为什么有这么大的差距？说到底，不是他的理想错了，而是他实现理想的节奏错了，操之过急。

隋炀帝实行这样的急政相当危险，难道没有人提醒他吗？确实，隋炀帝手下不乏清醒的大臣，这些大臣也曾经提醒过隋炀帝，但是，隋炀帝听不进去。为什么呢？

这就涉及他的第二个毛病——太骄傲了。举两个例子。如前所述，隋炀帝是隋朝第一诗人，他对自己的诗才非常自负，曾经说：“天下皆谓朕承藉绪余而有四海，设令朕与士大夫高选，亦当为天子矣！”天下人都以为我是接我爸爸的班才当的皇帝，其实不然，就算让我跟你们这些士大夫一起比试，我也照样得第一名，当皇帝。

“与士大夫高选”，和天下人打擂台，这是何等自负！一个能干的人，有一点骄傲本来无可厚非。但隋炀帝绝非一点骄傲，而是骄傲过头了。骄傲过头的表现，就是眼里没有别人，不能容忍任何人比自己强。

《隋唐嘉话》记载了一个著名的"艳诗断头"的故事。隋炀帝擅长写诗，也喜欢跟其他诗人比较。通常别人写的诗都没有他好，这令他非常得意。问题是其他人也有头角峥嵘的时候。当时有一个著名的文人叫薛道衡，也很擅长写诗。他最有名的一首诗叫《昔昔盐》，写一个丈夫出征、独守空闺的女子，其中有两句非常有名："暗牖悬蛛网，空梁落燕泥。"蛛丝儿结上了窗框，燕泥也落满了雕梁。女主人为什么不收拾一下呢？因为她丈夫久久不归，她没这份心情。一联诗句通过刻画一个因为缺少人气而空荡荡的屋子，让人体会到女主人那空虚寂寞的心情，非常传神。

这首诗让隋炀帝佩服得五体投地。几次模仿，但都写不出薛道衡这样精妙的句子。怎么办？隋炀帝恼羞成怒，干脆找了个由头，把薛道衡杀了。杀头之前，隋炀帝还得意扬扬地问了一句："更能作'空梁落燕泥'否！"我叫你人头落地，看你还能不能再写"空梁落燕泥"！如此不能容人，不就成了嫉贤妒能吗？

在诗文上，骄傲到不许别人超过自己；在政治上，隋炀帝同样是师心自用，觉得自己比天下人都强，所以，决不允许任何人劝谏。隋炀帝有一句名言，非常经典。他说："我性不喜人谏，若位望通显而谏以求者，弥所不耐。至于卑贱之士，虽少宽假，然卒不置之地上。汝其知之！"我生性最讨厌别人进谏，如果你已经当了大官，居然还想靠进谏这种方式来求得美名，我尤其容不得你，当场就要杀了你。如果你是一个卑微之士，想要靠给我提意见来吸睛上位，我可能稍微宽待你几天。但是你放心，我决不会长久地让你站在这个地面之上，我终究要杀掉你！

这几句话一出口，既压住了官员们的建言献策之志，也冷却了官员们的拳拳报国之心。有一句话叫“智者千虑，必有一失；愚者千虑，或有一得”。不得不承认，隋炀帝有着精准的政治眼光和高超的政治智慧。但是，再准的眼光，也有看不到的地方，再高的智慧，也有虑不到的事情。所以，民间才有“三个臭皮匠，赛过诸葛亮”的说法，《增广贤文》也讲“木受绳则直，人受谏则圣”。这本来不是什么高深的道理，可是，聪明如隋炀帝，偏偏就被骄傲蒙蔽了双眼，只知道刚愎自用，文过饰非。

老臣高颎劝他不要太奢侈腐化，以免重蹈北周天元皇帝的覆辙，他听不进去，把高颎杀了；帮助他软禁隋文帝、夺取皇位的张衡劝他不要滥用民力，他听不进去，把张衡也杀了。甚至到最后，天下义军蜂起，隋炀帝困守江都宫，卫士们纷纷谋划着要造反，一个宫女好心提醒他注意防范，他还是听不进去，又把宫女杀了。这样杀来杀去，再也没有人敢提不同意见了，他的错误也就无法得到及时纠正，只能在错误的道路上越走越远。

根据史书记载，隋炀帝准备第三次征讨高句丽的时候，征求满朝文武的意见，一连好几天，竟然没有一个人说话。一个皇帝孤家寡人到这个程度，够凄凉了吧？

更凄凉的是，大业十四年（618），江都之变前夕，有一个宫女分明听到了将士谋反的计划，禀告萧皇后，萧皇后想了想说，事已至此，无药可救。告诉陛下，也只能让他心情更加烦乱，索性不用管了吧。一代皇帝，就这样糊里糊涂地走向了穷途末路。连至亲的妻子都不能跟他讲真话，这叫什么？在隋炀帝自己看来，也许叫作英雄的孤独；而我们从千载之后回头看去，却只能感慨他失道寡助。一个皇帝一旦落到失道寡助的境地，又怎么可能不败呢？

就这样，因为隋炀帝的急功近利和傲慢自大，他身上那些原本闪闪发光的优点也都走向了反面。

他有理想，可是，他的理想却成为悬在全国人民头上的索命咒，让他们累死在工地，战死在沙场，或是饿死在荒芜的田野上。

他有精力，可是，他的精力却成了他挑选游戏伙伴的试金石。你跟得上我的节奏，我们一起往前冲；你跟不上我的节奏，对不起，你出局了，根本不配生活在我统治的时代。

他有才情，可是，这才情却成了他自高自大、蔑视一切不同意见的借口。到最后，当全国只剩下他一个脑袋在思考的时候，他思考出来的成果就已经不再是高明的政治决策，而是疯子的胡言乱语了。

他有功业，可是，这些利在千秋的功业却没能够造福当时的百姓，反而让他们付出了沉重的代价，又怎么可能受到百姓的拥护？

到底是什么让隋朝虽然强盛但却短命，隋炀帝虽是英雄但却被人唾骂？根本原因在于隋炀帝没有摆正英雄和人民的关系。本来，英雄的业绩应该建立在引导人民、造福人民的基础上，但是，隋炀帝这个英雄却只知道一味地蔑视人民、压榨人民。自己走到了人民的对立面，又怎么可能不被人民抛弃？

有一个说法叫“**可爱非君，可畏非民**”；还有一个说法叫“**水能载舟，亦能覆舟**”。这样的道理，隋炀帝至死也没有想明白。所以，他虽然创造了千秋功业，但是却只能以一个独夫民贼的身份，死在举国皆反的浪潮中，死在自己亲信和卫兵的手下。这难道不是一个悲剧吗？

更悲惨的是，当年，陈朝的末代皇帝陈叔宝去世，隋炀帝大笔一挥，给他谥号为“炀”。在隋炀帝心目中，陈后主沉湎女色、任用小人、破国亡家，是一个多差劲的皇帝！

可是，隋炀帝万万没有想到，多年之后，唐朝皇帝给他的谥号居然也是“炀”。和自己最蔑视的人物并肩而立，分享同样的历史评价，对于隋炀帝这样一位有着浓厚的英雄情结、渴望成就千秋大业的人而言，该是怎样的悲情！

那么，一千多年之后，我们到底应该怎样评价隋炀帝这位功过并存、毁誉交织的皇帝？他到底算是英雄天子还是独夫民贼？他的那些故事，到底有几分是真、几分是假？他的悲剧人生，对于当时，对于继之而起的唐朝，乃至对于今天，又会引起怎样的思索和启迪？

第二章 炀帝其人

当皇帝之前，隋炀帝杨广在父母眼中，是孝顺孩子；在大臣眼中，是优秀王子，具备接班人应有的一切优秀素质和品格。但当政之后，杨广却呈现出截然不同的性情。这是权力欲膨胀导致的，还是人性的弱点使然？他为何能够赢得父皇和母后的信任，成为大隋王朝的接班人？

一、幸运公子

人的一生都有连续性，皇帝也是如此。隋炀帝让人感兴趣的当然是他当皇帝的业绩，但是，若要了解他为什么成为这样的皇帝，还得从他没当皇帝的时候说起。这个日后大名鼎鼎的隋炀帝，到底是一个怎么样的人？

隋炀帝，大名杨广，曾用名杨英，小名叫作阿摩，出生在北周天和四年（569）。他在人生路上的第一个身份，是一个幸运公子。

第一个幸运之处在于出身。杨广出生在569年的北周，他的父亲杨坚，官位为大将军，爵封随国公，是北周赫赫有名的军事贵族；他的母亲独孤氏，则是北周柱国独孤信的小女儿，也是将门虎女，身家显赫。北周的八柱国、十二大将军构成了所谓的关陇贵族集团，这个集团就是当时社会的最高层，无论是皇帝、高官还是贵戚，都从这个集团中产生。

举个例子就明白这个集团中的人物能量有多大了。杨广的外祖父独孤信一共生了七个女儿。其中，大女儿是北周明帝的皇后；四女儿是后来的唐高祖李渊的母亲，追封为元贞皇后；小女儿就是杨广的母亲，隋朝的独孤皇后。一门出三朝皇后，既说明了这个老岳父的远见卓识，更足以说明这个集团的显赫地位。小小的杨广能够有这样的出身，就等于含着金汤匙出生，当然非常幸运。

第二个幸运之处在于资质。按照《隋书》的记载，隋炀帝“美姿仪，少敏慧”。长得漂亮，人又聪明伶俐，非常讨父母的喜欢。杨广聪明到什么程度，史书没有记载，我们也不能妄自揣摩，但是，要说长相好，还是可以找到一些佐证的。

杨广的小名阿麽是一个佛教用语，又叫阿麽麽尼，是“善女”的意思。给杨广取这么一个女性化的小名，除了民间所谓的好养活之外，恐怕也是因为他长得眉清目秀，简直像一个漂亮的女孩子吧。

隋唐时代做官可是要挑长相的，所谓身、言、书、判，第一个条件就是长相端正。杨广长得端正，又聪明，出身又这么好，按照当时的惯例，他的人生道路应该是早早进入仕途，然后步步高升，走上父辈和祖辈的老路。事实上也确实如此，隋炀帝在北周被封为雁门郡公，那时候，他才是一个几岁的孩子。从这样的高起点起步，对于任何人来说，都是非常幸运的事。但是，这对杨广还不算什么，还有更大的幸运在等着这个孩子。

隋开皇元年（581），他的父亲杨坚以北周皇太后之父的身份篡权成功，建立大隋，当皇帝了。年方十二岁的杨广马上子以父贵，从北周的雁门郡公变成了隋朝的晋王，升级了。

二、优秀王子

当贵族公子的时候，杨广是个幸运的公子，当了晋王以后，杨广又是个优秀的王子。在两方面表现非常突出。

首先，功勋卓著。

其次，人品端正。

先看功勋卓著。杨广当晋王的时候有什么功业？有三大功业无人能及。

第一个功业是北破突厥。隋朝建立之后，就开始跟突厥争夺东亚霸主的地位。为此，双方在开皇二年（582）到开皇四年（584）大打出手，后来，开皇十七年（597）到开皇十九年（599），再次龙争虎斗。

第一个阶段，隋朝迫使突厥的沙钵略可汗称臣，突厥也因此分裂成东、西两部分。隋朝取代突厥，赢得了东亚霸主的地位。

第二个阶段，隋朝逼死了沙钵略的儿子都蓝可汗，另立亲隋的启民可汗，维护了东亚霸主地位。

总之，两次都是隋朝大获全胜。那么，晋王杨广在其中作用是什么？

在第一次战争期间，杨广虽然年纪尚小，未曾亲自参战，但是，他从开皇元年（581）到开皇六年（586）一直担任并州总管，驻扎晋阳（今山西太原），而并州总管最主要的任务就是防控突厥。换言之，虽然没有战功，但是，日常防控的职责和苦劳还是有的。

到第二个战争阶段，杨广就真正发挥作用了。开皇二十年（600），就是他亲自指挥了对突厥的最后一击，这样一来，北破突厥之功也就自然而然地记在了他的头上。这是莫大的功业。

第二个功业是南平陈朝。隋朝在解决突厥问题之后，马上就在开皇八年（588）发动了平陈战争，平陈的统帅就是晋王杨广。当时，杨广年方二十岁，以行军元帅的身份统领三大集团军，五十万士兵进军江南，一举活捉陈后主，把整个南方纳入隋朝的版图。这又是莫大的功劳。

作为一个皇子，有了北破突厥和南平江南这两大功劳，已经相当引人注目，但是，这还不是杨广的全部业绩。

他的第三个功业是安抚江南。开皇八年（588），隋朝顺利地平定了江南。由于南北分裂太久，统治方式、思想方式差距很大，而隋朝又急于实现全国一盘棋，推行了一些过激的政策，引起了江南人民的不满。到开皇十年（590），原来陈朝旧境爆发了大规模的叛乱。

在这种情况下，杨广临危受命，担任扬州总管，坐镇江南。这一次，他不仅参与了平叛，而且在平叛后继续留在南方，在扬州总管这个职位上，一干就是十年。

这十年杨广都做了哪些事情？一句话，就是安抚人心。原来隋文帝迷信军事征服，导致了南方的反叛。杨广反其道而行之，充分尊重南方文化，笼络南方人才，让江南人民慢慢摆脱被征服者的屈辱感，逐渐接受隋朝的统治。

那么，杨广是怎么做到这一点的？有一个举措堪称典范。杨广为了安抚江南百姓，专门学习吴侬软语，用当地人的语言跟当地人说话，没有什么比这更有亲和力和示范性了！经过他这么一番春风化雨的行动，江南人心逐步安定，隋朝统一的成果也才算稳定下来。

如果说北破突厥和南平陈朝代表晋王杨广的武功，那么，安抚江南就代表杨广文治的能力了。一个皇子，既有武功，又能文治，既有北部军事经验，又有南方民政经验，既跟少数民族打过交道，又跟江南汉人打过交道，而且处处都留下不凡业绩。这样的精力，这样的功业，难道还不算优秀吗？

再看人品端正。杨广在人品上也有三方面的过人之处。

第一是孝顺。

第二是老成。

第三是仁慈。

先看孝顺。杨广长期担任扬州总管，远离皇帝皇后。按说，孝顺体现在行动上，不在父母身边不好表现，可是，杨广就能恰如其分地表现出来。根据史书记载，每次隋文帝杨坚或者独孤皇后派人去扬州探望他，不管来人地位多么卑微，杨广都必定亲自迎接。迎接回来之后，如果是男性使者，就跟他本人同吃同住；如果是女性使者，就跟他的妃子萧氏同吃同住。总之，务必做到以最高规格招待，让使者感觉到春天般的温暖。

这跟孝顺有什么关系？有道是爱屋及乌，对父母派来的使者都这么敬重，就间接体现出对父母的敬重了。要知道，皇帝跟普通百姓不一样，他不需要你照顾吃饭穿衣，但是，他在乎你是否对他表现出最大程度的敬畏。杨广能够投其所好，这在隋文帝夫妇心里，就是最大的孝顺！

再看老成。所谓老成，一个很重要的表现就是不近女色。根据史书记载，杨广一共有三个儿子，其中两个出生在他当晋王时期，而这两个儿子，全是他的正妻萧妃所生，这当然是他不近女色的最好证据。一个年轻的皇子，私生活能够这样严谨，这不就是老成持重吗？

再看仁慈。儒家学说讲究仁者爱人。有一次晋王杨广和手下士兵出去打猎，忽然天降大雨，左右赶紧给他拿来雨衣。不料杨广回绝道，这么多士兵都淋着雨，我怎么好意思一个人穿雨衣？我还是跟大家同甘共苦吧。这不就是仁者爱人最好的证据吗？

一个皇子，能够孝顺父母，不近女色，善待下人，这在道德上已经相当高尚了，又有过人的功业，简直是一个完美的王子。是不是呢？在当时人眼里的确如此。按照《隋书》的说法，就是“**声名籍甚，冠于诸王**”。

三、谨慎太子

有这样的大功劳，再有这样的好名声，幸运之神又来眷顾他了。开皇二十年（600），鉴于杨广一直表现优秀，和太子杨勇形成鲜明的对比，隋文帝在独孤皇后和宰相杨素的撺掇之下，做了一个艰难的决定，废掉已经当了二十年太子的嫡长子杨勇，改立晋王杨广为太子。这一下，杨广就实现了人生的第二次飞跃，成为储君了。

这个曾经的幸运公子、优秀王子，当了太子之后又有怎样的表现？杨广人生的第三个身份可以称为谨慎太子。

怎么叫谨慎？只看一件事就够了。杨广当晋王期间屡立大功，但是，当太子之后，几乎找不到一件像样的功劳，整个人似乎一下子失去了光彩。其实，不光我们今天有这种感觉，杨广自己也有同感。当太子的时候，他给自己的下属史祥写过一封信，信的最后一段是这样写的：“比监国多暇，养疾闲宫，厌北阁之端居，罢南皮之驰射。博望之苑，既乏名贤，飞盖之园，理乖终宴。亲朋远矣，琴书寂然……”最近皇帝到仁寿宫避暑去了，所以我负责在大兴宫监国。时间非常充裕，但是我既不想弹琴，也不想骑射，也不想跟人聊天宴饮，总之，整天没什么事情可做。

杨广为什么当了太子之后就无所作为了？我认为，这正是因为他谨慎。要知道，在中国古代，太子最忌讳的就是出风头。在坏事上出风头固然不对，在好事上出风头也不行，因为那会引起皇帝的警惕：你是不是沽名钓誉？是不是急着接班？所以，当太子最安全的做法就是什么也不表现。杨广深谙此道，所以，整天待在东宫，既不娱乐，也不做事，尽力避免引人注目，表现得老成持重，谨小慎微。这样的表现，对一个太子而言，还是相当得体的。

总结杨广人生的三个阶段可以看出，杨广在人生的每一步上都非常得体，他步步为营地构筑出一个完美的形象，这样的形象让人们对他的未来充满期望。

可是，仁寿四年（604），一件大事一下子就把我们对杨广的完美印象彻底打破了。这件大事就是隋文帝之死。

四、心狠手辣

众所周知，隋文帝之死是个千古谜团，很多历史记载表明，隋文帝的死亡和他的儿子杨广有密切的关系。这个关系具体是毒杀，还是打死，抑或是以其他形式促成，不同史书有不同的记载。但是，无论如何，对文帝之死，杨广难辞其咎。而且，根据史书的记载，隋炀帝在父亲临终之前，还曾经企图强奸庶母，也就是隋文帝的宠妃宣华夫人，杀父淫母，真是令人齿冷。事实究竟是怎样的呢？

按照我们在上册书中分析，事情的大体经过是这样的：仁寿四年（604）年初，隋文帝到仁寿宫避暑，突发重病。身为皇太子的杨广为了确保政权平稳交接，利用密信和自己的亲信——宰相杨素私下沟通，提前安排文帝死后的各项工作。没想到，这封密信被误传到隋文帝手里。要知道，隋文帝一辈子紧抓权力不放松，现在，自己还没有死，儿子就急不可耐地谋划接班事宜，这让老皇帝情何以堪！隋文帝一气之下，就让自己的两个亲信起草诏书，打算召回废太子杨勇，重新考虑接班人问题。

如果隋文帝在临终前真的改换太子人选，杨广就前功尽弃了。怎么办？在这种情况下，杨广痛下杀手，发兵包围仁寿宫，武装保卫隋文帝，彻底斩断了他和外界的联系。隋文帝本来已经病重，经过这么一番刺激，病情进一步加重，很快一命呜呼。老爸一死，杨广的危险解除，这才顺利接班登基。

那么，应该怎样看待这件事？可能有人会说，权力是亲情的腐蚀剂，宫廷自古多冷血，一代圣君唐太宗李世民也曾杀兄逼父，这在历史上不算新鲜。问题是在此之前，杨广一直精心维护着大孝子的形象，这件事一出来，马上，人们对杨广孝顺的印象可就被彻底颠覆了。

这还不算。隋文帝死后，杨广又接连干了几件事情，让人觉得，他不仅谈不上孝顺，另外两项优秀品质——老成和仁慈也都禁不起推敲。

先看第一件，同心结事件。

这件事的主角，就是杨广和隋文帝的宠妃宣华夫人。这两人之间的纠葛，《资治通鉴》是这样叙述的："晡后，太子遣使者赍小金合，帖纸于际，亲署封字，以赐夫人。夫人见之，惶惧，以为鸩毒，不敢发。使者促之，乃发，合中有同心结数枚，宫人咸悦，相谓曰：'得免死矣！'陈氏恚而却坐，不肯致谢；诸宫人共逼之，乃拜使者。其夜，太子烝焉。"隋文帝去世那天下午，太子杨广居然在百忙之中派使者给宣华夫人陈氏送来了一个小金盒，盒子上还贴着封条，上面那个"封"字还是杨广亲手写上去的。宣华夫人还以为里面装的是毒药呢，吓得寒毛直竖，怎么也不敢打开。后来，在使者的反复催促之下，迫不得已，把盒子打开了。战战兢兢往里面瞄了一眼，一看之下不要紧，周围的人都笑了，但是，宣华夫人的脸却红了。

里面到底装了什么？几枚同心结。表示杨广要跟宣华夫人永结同心。要知道，宣华夫人可是隋文帝的宠妃，隋文帝才死了几个小时，就接到他儿子的定情信物，这也太过分了吧。所以，宣华夫人扭扭捏捏，把盒子放在一边，不理使者。后来，还是在身边宫女的督促之下，才被迫拜谢使者。既然拜谢了使者，那就意味着，宣华夫人同意了。所以，当天夜里，杨广就临幸了宣华夫人。这就是所谓同心结事件。

可能有读者朋友会不理解，在上册书中，你不是认为杨广并没有企图强奸宣华夫人吗？既然如此，他怎么还会给宣华夫人送同心结？

确实，我至今确信，在隋文帝去世之前，杨广是不可能去骚扰宣华夫人的。但是，这并不意味着杨广不爱慕宣华夫人。要知道，宣华夫人以美貌著称，杨广早在当太子之前，就和宣华夫人有过来往，也许那时候就已经产生了爱慕之心，只是不敢表达罢了。此刻，经过这么一番生死较量，隋文帝终于去世了，杨广接班已成定局，他的内心一下子放松下来，再也无所顾忌，马上向庶母表白了。面对他的表白，宣华夫人怎么处理？宣华夫人首先是迟疑。一方面，她知道此事在道德上非常不妥，因而表现得很犹豫，但是，另一方面，她也得权衡利弊。老皇帝已死，新皇帝现在掌握着她的生杀荣辱，她作为亡国之女，前朝之妾，还有什么资本去抗衡这个胆大妄为的新皇帝呢？经过这样思量之后，她最终还是接受了杨广的信物。这就是同心结事件的真相了。

换言之，杨广淫母这件事确实存在，只不过不是发生在隋文帝去世前，而是在隋文帝去世之后。按说，这件事不过是男女私情，反映的无非是隋唐时期，闺门礼法不严的事实，并不影响政治大局，为什么还要在这里特别提到？因为这件事一出来，马上，我们心中对杨广老成持重、不近女色的印象被颠覆了。他并非不近女色，恰恰相反，他非常好色，甚至不顾伦常。他当年的老成形象完全是装出来的！

再看第二件事，逼死兄、妹事件。

这里，兄指杨广的大哥——废太子杨勇。前面提到过，隋文帝弥留之际，曾经想要重新召回废太子杨勇。虽然没有成功，但是，这也让杨广意识到，只要大哥在，对他始终是个威胁。怎么消灭这个威胁？杨广决定，利用一下先皇，让他最后发挥一下余热好了。

杨广以隋文帝的名义给废太子杨勇下诏书，赐他服毒自杀。可是，人都恋生畏死，杨勇还想最后挣扎一下，拒绝服毒。怎么办？杨广可是下过死命令的，一看杨勇不合作，杨广派去的使者干脆把他活活勒死了。随后，杨勇的十个儿子，也都被二叔杨广相继处死，无一善终。

杀完兄长，还有妹妹。杨广的眼中钉、肉中刺是他最小的妹妹兰陵公主。兰陵公主本人在政治上并不活跃，但她的丈夫柳述，可是替隋文帝拟诏召回废太子杨勇的人。这样的人杨广当然不能原谅。所以，他一上台，马上就把柳述贬往岭南，还让兰陵公主和柳述离婚，改嫁他人。没想到，兰陵公主是个烈女子，认定了女子出嫁从夫的道理，不愿意因为丈夫在政治上犯了错误，就离他而去。所以，不仅不服从命令，还要放弃公主名号，追随柳述一块儿到岭南去。这岂不是在公然挑战隋炀帝的权威！隋炀帝怒不可遏，马上软禁了兰陵公主，没过多久，刚刚三十二岁的兰陵公主就郁郁而终，临死前留下遗言，要与柳述合葬。

兰陵公主对丈夫的忠诚非常符合儒家伦理，所以当时舆论都对她颇为同情，那么，杨广会不会遵从舆论，让小妹与丈夫合葬？他才不会。对他来讲，这叫誓死挑战他的权威！怎么处理这个不听话的妹妹？杨广毫无悲戚之情，下令把公主草草地埋在洪渎川了事，无论是离娘家的陵寝，还是离婆家的祖坟都远得不能再远，算是对她挑战皇威的惩罚。逼死兄、妹这样的戏码一上演，我们心目中对杨广仁慈的印象也就被彻底倾覆。

一个人对自己的手足同胞都如此心狠手辣、睚眦必报，还怎么指望他对别人善良？

这样几件事看下来可以发现，杨广这个人不简单。当初，他为了能够成功上位，一直在压抑着自己，表现得既有能力又有道德，这一压抑就是二十年，真是坚韧顽强。但是，一旦上位成功，当了皇帝，他又能马上撕下伪装，表现得那么放纵、残忍，完全不考虑任何道德标准和社会舆论，真是蛮横粗暴。这样又顽强又蛮横的人当皇帝，对大隋王朝来讲，真不知道是福还是祸。

但是，无论如何，仁寿四年（604）七月，杨广还是当上了皇帝，接手了一个幅员辽阔的强大帝国。这一年，杨广已经三十六岁了，正是一个政治家施展身手的大好年华。

那么，杨广的皇帝生涯会不会一帆风顺？他的第一次挑战来自哪里？

第三章 杨谅叛乱

汉王杨谅是隋文帝最小的儿子，在众王子中得到隋文帝的宠爱最多，实力也最强。杨广登基称帝后，首先想到的就是如何清除这个实力最强的弟弟。而汉王杨谅也早已磨刀霍霍，准备造反。一场兄弟大战由此拉开了序幕，让人不由得感慨帝王权力是如此不容挑战，又是如此冷酷无情。这场大战的结局究竟如何？

一、杨谅造反

就在隋文帝刚刚去世、隋炀帝刚刚接班的时候，忽然传来一个可怕的消息：隋炀帝的五弟，并州总管汉王杨谅起兵造反了！这是怎么回事？

既然是杨谅造反，还得先了解一下杨谅是何许人。杨谅是隋文帝杨坚最小的儿子，也是最受宠爱的儿子。

杨坚的五个儿子，除了老大杨勇被立为太子之外，其余老二杨广、老三杨俊、老四杨秀都是十二三岁就出阁，坐镇地方，独当一面。只有杨谅直到二十二岁才离开父母，出任并州总管。为什么这么晚才让他出去？只有一个缘故 —— 舍不得。正因为宠爱小儿子，杨坚给杨谅的权力特别大。

首先是军事权力。不仅让他担任并州总管，还让他总领北齐旧境五十二州军事，等于把原来的北齐都做了他的封地。

其次是司法权力。杨坚对其他儿子都强调王子犯法与庶民同罪，唯独对这个小儿子，杨坚宣布，可以不受法律约束，便宜从事。

最后是经济权力。别看杨坚自己简朴，要求其他儿子也简朴，但是，偏偏怕这个小儿子受穷，因此还特许杨谅自己铸钱。

真是要枪有枪，要权有权，要钱有钱。生活比蜜还甜。

隋文帝替小儿子想到了一切，唯独没想过，自己死后小儿子该怎么办。可是，他偏偏就在这个时候死去了，而杨谅随即就造了反。杨谅为什么这么迫不及待地造反呢？

杨谅造反，其实是蓄谋已久。这也是杨广夺嫡的后遗症。自从开皇二十年（600）二哥杨广取代大哥杨勇当了太子，紧接着四哥蜀王杨秀又因为谋反罪被废，杨谅心里就不踏实了。这个二哥也太生猛了吧？会不会哪天把兄弟们都吃掉？所以，他就开始防备了。

杨谅担任并州总管，并州是个用兵之地，在隋朝主要承担防控突厥的任务。杨谅就以防控突厥为名，修整武器，招降纳叛，不断壮大自己的力量。

他一共招了多少人？按照史书记载，“*左右私人殆将数万*”，光是私人亲兵、敢死队就有数万人。一个王爷，要这么多私人武装干什么？一方面固然是防范杨广，另外一方面，也不乏有样学样的心理。既然二哥杨广可以仗着实力当太子，为什么我不可以？如此积极备战，这不就是蓄谋已久吗？

尽管杨谅已经准备了一段时间，但是，单挑这个时候造反，还是杨广诏书激变的结果。杨谅这几年一直磨刀霍霍，杨广并没有蒙在鼓里。当太子这几年，他一直盯着杨谅呢。他知道杨谅图谋不轨，但是，因为有隋文帝这把保护伞撑着，杨广不敢把他怎么样。现在，隋文帝死了，隋炀帝觉得，与其养虎遗患，倒莫若趁此机会，把杨谅解决掉算了。

心动就要行动。杨广伪造了一份所谓文帝的玺书，召杨谅入朝。按照隋炀帝的想法，杨谅跟父亲关系好，父亲召他进京，他应该没有怀疑的道理，只要他一回来，那就是羊入虎口，有去无还了。这其实就是杨坚当皇帝之前，对付北周五王的故技。

可是，隋炀帝万万没有想到，就是这份玺书，给他惹了大麻烦。汉王杨谅把玺书看了一眼，马上说，这是假的！

原来，隋文帝老早就和汉王杨谅有过密约："若玺书召汝，敕字傍别加一点，又与玉麟符合者，当就征。"我要征召你入朝，一定会加双保险的。

第一道保险是玉麒麟的兵符，我一半你一半，要两个兵符合得上才是真的。

第二道保险是"敕"字旁边要多加一个点，没有这一点，你就应该明白那是假的。

其实，从这里可以体会到隋文帝的苦心了。他怕有人像他当年对付北周皇室一样，先挟制了他这个皇帝，然后再假冒他的名义召他的儿子，把他们父子一网打尽，所以，特地留了一手。如果真有奸臣作乱，拿着假冒的敕书去骗汉王，汉王也可以有所防范。没想到，这个原本对付奸臣的约定，最后对付的倒是自己的二儿子杨广。

现在，汉王杨谅一看见这个假玺书，马上就意识到，爸爸已经出事了，二哥杨广在骗他。

问题是，就算知道这份玺书是假的，杨谅还能怎么办？他有两条路可以选择。

一条是不管玺书真假，自己恪守臣节，回去就是。当初秦始皇死的时候，秦二世胡亥假造诏书，让公子扶苏自杀，扶苏不是就服从了吗？

另一条路就是造反了。

那么，汉王杨谅到底走哪条路？别看他招兵买马蓄谋已久，但是，事到临头，他还是有点犹豫。就在他犹豫的时候，有人撺掇他来了。撺掇他的是两个南方人，一个叫王頍，一个叫萧摩诃。

这两个人为什么撺掇他造反？因为他们在现有政权体制下郁郁不得志。

王頍本来是梁朝大将王僧辩的儿子，梁朝灭亡后进入北周。此人不仅精通经学，而且熟读兵书，号称“**倜傥好奇略**”，自认为有将相之才，但是，隋文帝执行关陇本位政策，他因为出身南方，在隋朝一直没有受到重用。

萧摩诃是江南陈朝的大将，陈朝灭亡之际投降隋朝，但是，到隋朝之后也同样受到排挤。自古以来，大才不展、壮志难酬都会令人激愤，这两股激愤的洪流一直在寻找出口，现在看到汉王有不臣之心，他们就开始极力撺掇了。

汉王杨谅本来就有不臣之心，再受到这两个人的撺掇，心里的天平当然大幅地向造反倾斜了。恰恰在这个时候，并州又忽然传出来一首童谣：“一张纸，两张纸，客量小儿作天子。”这首童谣是什么意思无人能够说清，可是，杨谅就开始据此瞎猜了。他觉得，我小名叫阿客，大名叫杨谅，另外，我又是家里最小的儿子，这所谓客量小儿，不就是在说我吗？所以，这童谣说明，我要得天命，当天子了！既然天命如此，那我还有什么好犹豫的？

今天我们回头分析，这童谣是哪儿来的？很可能就是王頍、萧摩诃这些野心家编出来的，用以增加汉王的信心。我们现在是旁观者清，但当时的杨谅却是当局者迷，他本来就是一个被父母惯坏了、骄横跋扈、野心勃勃的少年，此时有人怂恿，再有童谣蛊惑，还怎么能指望他保持头脑清醒？就这样，汉王杨谅下定决心，起兵造反了！

汉王杨谅起兵，对隋炀帝是一个很大的打击。原因有二：

第一，杨谅实力强。他不仅是并州总管，还总领北齐旧境五十二州军事，这意味着西起太行，东到渤海的广大地区在军事上全都听命于杨谅。这是多大的地盘！另外，杨谅图谋不轨已经很长时间了，准备相当充分，所以，一起兵就调动了三十万大军。而杨广则是即位伊始，仓促应战。别看他是皇帝，临时动员的兵力只有几万人。几万对三十万，颇有点寡不敌众的感觉。

第二，杨广的政治地位还不稳定。本来，以一个皇帝，对付藩王叛乱，政治优势应该是比较明显的。但到杨广这里就不一样了，他虽说已经当了皇帝，可还没有正式登基；更重要的是，隋文帝去世之前，出了那么多的变故，天下人都还在议论纷纷，所以，统治并不稳定。现在，自家兄弟造反，人们更容易首鼠两端。这样一来，杨广在军事上处于劣势，政治上也不够强势。

那么，这场兄弟之间的战争，到底谁胜谁负？

二、一举平叛

到底谁胜谁负，那就要看怎么打了。先看杨谅一方。杨谅一起兵，就走了一步臭棋。他打出了一个口号，叫“杨素造反，清君侧”。这口号实在不怎么有力。要知道，杨谅当时最值得利用的事情就是爸爸隋文帝杨坚死因不明，天下议论纷纷。如果这个时候打出杨广弑父，自己替父报仇的旗号，那就等于从政治上颠覆了杨广的合法性，同时也给自己赢得了名分。可是他居然说什么杨素造反，这就陷入了只反贪官，不反皇帝的套路之中。既然如此，只要皇帝出来辟谣，说杨素没有造反，他的行为不就没有合法性了吗？所以说，这是一步臭棋，在政治宣传上已经丢分了。

这还不算，紧接着，杨谅在战略部署上又开始丢分了。杨谅虽然已经起兵，但这仗应该怎么打，他还真没想清楚。这时候，那个撺掇他起兵的王頍来给他出主意了。他说："王所部将吏家属，尽在关西，若用此等，即宜长驱深入，直据京都，所谓疾雷不及掩耳。若但欲割据旧齐之地，宜任东人。"

什么意思呢？杨谅的部众和家人都在关西地区，得要合理利用。这里指出了两条路，让杨谅选。

一条路是夺权，就是王頍所说的"长驱深入，直据京都"。一鼓作气打到大兴城去，自己当皇帝。

还有一条路是割据，就是王頍所说的割据旧齐之地。

这两条道路不同，接下来的战略部署也不同。如果杨谅想要夺权，那就应该尽量利用手下关陇豪杰的力量；如果杨谅想要割据，那就应该尽量利用原来北齐的文武官员。

两条路都摆在杨谅面前，杨谅却拿不定主意了，他两头都不想放弃。而这种首鼠两端的心态意味着作战方向不明，战略部署又丢分了。

还好，眼看着王爷拿不定主意，大军不知道往哪里去，一个叫裴文安的官员给他出了个两全的主意。裴文安说，大王您的实力非常强，可以兼顾。一方面，您可以安排一些老弱病残，非主力部队，在山东地区扼守要害，顺便也攻城略地；另一方面，您要把主要兵力用在向西突破上。

如何向西突破？裴文安毛遂自荐说，我愿意做前锋，攻打黄河东边的蒲津关（今陕西大荔县东）。在蒲津关渡过黄河，就进入京畿地区了。等我渡河成功，您再率领大军跟进，大兴城那边肯定措手不及。他措手不及，您兵临城下，在这种情况下，京师内部肯定不稳，到那时候，您再借着军威号令天下，谁敢不从？十天半个月之内，天下不就都是您的了吗？

平心而论，这是非常务实的一个意见，表面上兼顾了夺权和割据两头，但核心意思还是要夺权，而且有具体可行的方案。杨谅一听，很高兴，就这么办了。

于是，杨谅委任裴文安为柱国，率领大军，直奔蒲州城而去了。

这支征西大军打得比预期还顺利，没损失一兵一卒就进了蒲州城。为什么？因为杨谅这边使了一计——移花接木。

他挑选了几百个精锐骑兵，都蒙上幂篱（当时贵族妇女出门戴的面纱），来到蒲州城下，谎称是杨谅的女眷，要回大兴。既然是王爷的女眷，守城的士兵自然不敢随便检查，马上开门放行。结果，这几百个精壮骑兵一进城，马上露出本来面目，直接就朝蒲州刺史的衙门杀过去了。蒲州刺史毫无思想准备，事起仓促，干脆弃城逃跑了。

就这样，裴文安兵不血刃拿下了蒲州城。拿下蒲州，按照原定的计划，接下来就要渡过蒲津关，过黄河了。而一旦渡过黄河，杨谅至少就有了百分之五十的胜算。

那么，事情是不是就这样顺利进行的？

非常遗憾，并没有。就在这胜利在望的关键时刻，杨谅又走了一步臭棋。他紧急叫停裴文安说，你回来吧，别再往西打了，我不想夺权了，咱们专心经营东边得了。你赶快把黄河上的浮桥给拆了，守住蒲津关，别让杨广他们打过来就行。这岂不等于在战略部署上忽然变卦了？

杨谅为什么会这样做？因为他胆怯了。要知道，杨谅虽然是并州总管，但是，因为受宠，他根本没上过战场，更没打过硬仗。现在，一旦渡河，可就是和二哥杨广真刀真枪地干上了，杨广是个厉害角色，他能打得过吗？还未交锋，杨谅自己先心里发虚了。

这时候，他又想起王頍所说的第二条道路了，与其决一死战，还不如稳妥一点，割据山东呢，日后井水不犯河水，各自当皇帝，不也挺好吗？所以，干脆改主意，不往前进攻，改防守了。

问题是，他这样临时改为防守，到底对不对？其实大错特错。要知道，他是叛军，虽然暂时有兵力上的优势，但是就总体实力而言，绝对不如朝廷，所以兵贵神速，只有打杨广一个措手不及，才有可能取胜。而杨广那边虽然暂时因为准备不足，处于劣势，但是，只要给他足够的时间，就能调兵遣将，发挥整体优势。此刻杨谅居然主动放弃优势，拿自己的弱项去拼杨广的强项，那不是自找倒霉吗？

果然，杨谅这边一松劲儿，杨广那边马上就用劲儿了。派来一个战神级别的将领领导平叛战争。这个战神是谁？就是杨谅口号里要消灭的宰相杨素。杨素可是常胜将军，平生还没打过败仗。接到命令之后，杨素马上率领大军趁着月黑风高，衔枚夜度，偷袭蒲津关，杨谅这边的守军还在做梦，蒲津关已经被杨素一举拿下了。蒲津关易手，战争局面其实就初步扭转了，原来是杨谅率军往西打，现在，成了杨素率军往东打了。

往东怎么打？杨素决定，擒贼先擒王。只派少量军队牵制山西南边的州县，自己率领几万主力部队一路北上，直扑杨谅的老巢晋阳。杨谅派了一个叫赵子开的将军，率领十多万大军，在晋阳南边的霍邑迎战。赵子开也是个有本事的人，仗着自己人多，在每一个山口都竖起了栅栏，严防死守，自己则屯兵高壁，居高临下。

杨素这边只有几万人，敌众我寡，地形又不利，硬拼肯定不行。怎么办？杨素是个有智慧的人。他把大部分主力留下，跟赵子开对峙，自己悄悄率领一小队骑兵，往霍邑东北边的霍山摸下去了。这支别动队沿着悬崖峭壁，摸到了赵子开大营的后面。悄悄安营扎寨。扎下营之后，杨素发话了：咱们留三百人守营，其余人跟我去冲击赵子开的大营。谁愿意留下来？士兵一听要冲击赵子开的大营，都吓傻了。咱们这儿才一个别动队，人家那里几万大军，怎么冲击？那不是找死吗？纷纷要求守营。一共三百个名额，你争我抢，大打出手。

一看这情况，杨素微微一笑，又发话了，决定留下守营的，出列！三百个优胜者马上站了出来。杨素看了看他们说，这三百人贪生怕死，给我斩了！一时间，三百颗人头滚落在了营帐之前，其他人都吓傻了。这不是杨素当年打突厥时候的故技吗？杀完三百人，杨素再问，谁留下来守营？没一个人说话了，大家都抱定必死之决心，跟着杨素就朝赵子开的大营杀过去了。

赵子开万万没料到杨素能摸到他后边，以为是神兵天降，马上乱了阵脚。一看敌军乱了阵脚，原来跟赵子开对峙的杨素大军也大举进攻，两面夹击之下，赵子开兵败如山倒，十几万大军死的死，伤的伤，溃不成军。

赵子开一败，杨谅可吓坏了。好在他手下兵多，赶紧亲自率领大军，到太原南边的蒿泽（今山西平遥西）抵挡杨素。

这时候，双方兵力对比又是如何呢？杨素还是那几万人的军队，而杨谅则有十万人，从人数对比来讲，杨谅还是占优势的。只要接下来的战役好好打，谁胜谁负还未可知。问题是，就在这时候，杨谅又开始下臭棋了。

眼看杨素大军压境，天下起了大雨，他又胆怯了，居然下令说：时气不好，咱们先往回撤吧！拔腿就要往回跑。杨谅的军师王頍一看这情况，赶紧制止说："杨素悬军深入，士马疲弊，王以锐卒自将击之，其势必克。今望敌而退，示人以怯，沮战士之心，益西军之气，愿王勿还。"杨素那边是疲劳之师，我们这边是以逸待劳，只要我们下定决心打，一定能打赢。但是，如果望风而退，那士兵的士气就完了，结果也就很难预料了，大王，请您三思，千万别着急撤退啊！

面对王頍提这样有理有据的建议，杨谅怎么处理？他都要吓得尿裤子了，哪儿还听得进去，只知道没命地往回跑。

杨谅仓皇回撤，杨素这边可是大踏步地前进。在太原南边的清源（今山西清徐），杨素终于追上杨谅了。

一场大战随之打响。打的结果如何呢？跟王頍估计的一样，杨素这边是宜将剩勇追穷寇，杨谅那边则是兵败如山倒，溃不成军。之前不是说陈朝大将萧摩诃曾经力劝杨谅叛乱吗？就在这场战斗中，萧摩诃也被活捉了。杨谅本人倒是狼狈逃回了晋阳，不过，打下了清源，晋阳也就成了一座孤城，杨素乘胜追击，很快就包围了晋阳，杨谅穷途末路，只好出来投降。

就这样，杨谅起兵一个多月，以失败告终。

三、决胜原因

杨谅叛乱可是非常有实力的一场叛乱，占地面积广，发动兵力多，准备充分。既然如此，杨广为什么就能够迅速打败杨谅？杨广跟杨谅比，有三大优势。

第一，杨广名分上占优势。无论如何，杨广是皇帝，是合法统治者，而杨谅则是叛乱分子，这在名分上已经高下立判了。在这种情况下，杨谅如果能以当时社会上议论纷纷的杨广弑父为号召，坚决不承认杨广的皇帝地位，兴兵讨伐，还能赢得一部分人心。但是，杨谅并没有质疑杨广的皇帝地位，相反，却打出杨素造反，他去清君侧的旗号。《论语·子路》中说“名不正则言不顺，言不顺则事不成”，没有名分，那还怎么维持人心？别说别人，就连杨谅的大舅子豆卢毓，都站在了杨广这边。

豆卢毓是杨谅的妃子豆卢氏的哥哥，就在杨谅手下做事。一看杨谅起兵，他就对自己的弟弟说：我若是自己骑一匹快马，连夜回到大兴城，跟杨谅划清界限，倒也不是不可以，但那只是为自己考虑罢了，于国家无益。反过来，如果我暂且留在杨谅身边，做地下工作，找机会算计他，那不就是给国家做更大的贡献了吗？所以，我虽然反对杨谅造反，但是，我不能走，我要坚守自己的岗位。

他到底是怎么做的呢？当时，杨谅自己向南出兵，让豆卢毓守晋阳城。杨谅刚走出去没多远，豆卢毓就直接把城门关上了。杨谅听说之后气得七窍生烟，赶紧回师，豆卢毓则率领城上的士兵向杨谅放箭。不过，杨谅毕竟是王爷，豆卢毓只是个将军，守卫西门的士兵害怕杨谅，就违背豆卢毓的命令，放杨谅从西门进来了。杨谅进城之后自然大开杀戒，豆卢毓就壮烈殉国，成了大隋的烈士。虽说功败垂成，但是，这件事本身就说明，杨谅叛乱在道义上是不占优势的，而隋炀帝杨广则算是得道多助。

第二，杨广在用人上占优势。杨广最重要的决策就是任用杨素。杨素治军严酷，而且身先士卒，这两个特点在打杨谅的过程中表现得相当突出。能够起用这样优秀的将军，隋炀帝已经成功了一半。

反观杨谅这边就不行了。他不是没有人才，而是不会使用人才。就拿王頍来说，此人足智多谋，给杨谅提的建议也都切中时弊，但是，杨谅却优柔寡断，将信将疑。杨谅兵败后，王頍逃到山里，自知难免一死，就对儿子说："吾之计数，不减杨素，但坐言不见从，遂至于此。不能坐受擒执，以成竖子名也。吾死之后，汝慎勿过亲故。"大意是说，我的计谋并不亚于杨素，只可惜杨谅不采纳我的建议，所以咱们今天才沦落到这个地步。但我现在也不能白白地让他们抓住，让那群竖子成名，所以干脆自杀算了。但是，儿子你应该逃生。怎样逃生呢？我告诉你，你出去以后，千万不要去到亲朋故旧家里，宁可找生人，也不要找熟人。切记切记！

王頍说完就自杀了。他的儿子洒泪逃走。东躲西藏几天后，他的儿子饿得受不了，还是违背了王頍的告诫，去投亲靠友了，结果被亲友出卖，最终被杨素杀死。整个过程，完全符合王頍的预判。试想，王頍临死之前还能把后续问题考虑得如此明白，可见头脑不简单，但是，杨谅对他言不听计不从，他也就发挥不了作用。

第三，杨广在个人领导素质上占优势。为什么杨谅在战争中屡出臭棋，既不能喊出有水平的口号，又不能坚持稳定的作战方略，还不能相信并任用有本事的人？关键是他自身素质不行。他其实就是一个被惯坏的孩子，只知道要造反，却根本不知道该怎么反。该进攻的时候不进攻，该防守的时候不能防守，患得患失，优柔寡断。

相反，隋炀帝杨广却曾经北破突厥、南平陈朝，军事经验丰富。两个人根本不在一个重量级上。当年，隋文帝活着的时候，虽然喜欢杨谅，但是也警告过他："彼取尔如笼内鸡雏耳。"杨广要是抓你，就像一个人把手伸进鸡笼子里抓一只小鸡一样。真是知子莫若父。以隋炀帝这样一个雄才大略的君主，来打杨谅这样一个昏庸无能的叛乱分子，谁胜谁负自然就在意料之中了。

就这样，杨谅叛乱虽然规模浩大、来势汹汹，但是，才一个多月就以失败告终了。

那么，杨广会怎样处理这个弟弟？别看杨广曾经逼死兄妹，但是这一次，他倒愿意表现一下胜利者的宽仁大度了。他说：“朕终鲜兄弟，情不忍言，欲屈法恕谅一死。”我兄弟少，真不忍心杀他，所以我就违反一次法律，饶他一命吧，只把杨谅除名为民了事。

当年，隋文帝杨坚不是吹嘘自己五子同母，绝无纷争吗？如今他自己逼死了老三杨俊，废掉了蜀王杨秀，他的儿子杨广又逼死了老大杨勇，废掉了老五杨谅。除了杨广一支，剩下的四个儿子无一善终，真是说嘴打嘴，可悲可叹。

四、平叛意义

杨谅叛乱圆满解决了。那么，这次平叛对于杨广的意义是什么？有两方面值得重视。

第一，这次平叛不仅维护了隋朝的统一，也让杨广的统治地位稳固下来。本来，在这次叛乱之前，因为隋文帝之死，大家对杨广这个新皇帝还心存疑虑，现在，通过打赢这么一场反颠覆、反分裂的战争，杨广的权威已经不容置疑，他的统治地位也算正式稳固下来。

第二，这场战争也让杨广看到了两个急需解决的问题。

第一个问题，总管府制度。当年，杨坚设立总管府，让儿子担任大军区总管，本来是为了加强皇家的权力，震慑地方。但是，现在看来，拥有太大权力的总管府反倒成了维护君主集权的障碍。杨谅要是没有这么大的权力，怎么可能想到造反？所以，就在这次平定叛乱之后，隋炀帝马上就把总管府废了。

第二个问题，杨广意识到，山东和江南还需要进一步稳定。这次叛乱发生在山东地区，而山东有十九个州都支持了杨谅的叛乱。另外，撺掇杨谅叛乱的主要是原来的江南人士，这说明山东和江南还有离心离德之势，需要加强经营。既然如此，杨广接下来会怎么做？

第四章 营建东都

隋朝两代皇帝，各建造了一座城，隋文帝建造了大兴城，也就是后来的长安城，隋炀帝则建造了洛阳城。大兴城在当时已经独一无二了，为什么在这么近的时间内隋炀帝还要大兴土木？隋炀帝建造的洛阳城和大兴城比起来有什么不同？这座都城，又反映了隋炀帝怎样的眼光和心胸？

一、营建东都

大业元年（605）三月，隋炀帝发布命令，营建东都洛阳。这是隋炀帝上台之后的第一项大工程，也正是这个工程，拉开了隋炀帝大兴土木的序幕。

当时隋朝已经有了一个都城大兴城了，这座都城形制严谨，规模宏大，是中国古代都城的典范。既然如此，为什么隋炀帝还要修洛阳城？

有一个流传很广的说法，说洛阳城是隋炀帝算命的结果。大名鼎鼎的《资治通鉴》里就是这么说的：“章仇太翼言于帝曰：陛下木命，雍州为破木之冲，不可久居。又谶云：‘修治洛阳还晋家。’帝深以为然。”有一个叫章仇太翼的术士跟隋炀帝说：您是木命，而雍州，也就是大兴城所在地偏处西边。西边属金，金又克木，对您不利，不能久居。另外，有谶语说：“修治洛阳还晋家。”您曾经封为晋王，应该重修洛阳，到那里定都。隋炀帝很信章仇太翼这套说法，于是赶紧张罗修建洛阳城。

这是不是修建洛阳城的真实理由？我觉得，这条记载不太可靠。为什么？有两个理由。

第一个理由，这条记载的来源并不十分可靠。这条记载出自笔记小说《大业杂记》。笔记小说本来就不乏捕风捉影的小道消息，因此，算不得第一等史料。《资治通鉴》引这段话，本身就不够严谨。

第二个理由，《大业杂记》里记载的这件事不符合逻辑。要知道，章仇太翼可是废太子杨勇的党羽，跟隋炀帝的妹夫柳述关系也颇不一般。隋炀帝即位后，没干掉他已经颇为开恩，怎么可能对他言听计从呢？

既然如此，为什么素以严谨著称的《资治通鉴》要选用这条材料呢？一个可能的因素是，《资治通鉴》是为给皇帝提供借鉴而编写的史著，希望皇帝以史为鉴，避免犯同样的错误。而隋炀帝在当时是个公认的坏皇帝，所以，不妨再给他加一条宠信术士的恶名，以便让后来的皇帝知道警诫。

既然隋炀帝因为命相问题决定营建洛阳不够合理，那他为什么要在大业元年（605）即位之初，就先张罗修这样一个大工程？其实隋炀帝自己写过一个营建东都的诏令，把前因后果交代得清清楚楚。在诏书里，隋炀帝一共讲了三个原因。

第一，这是安抚东部地区的需要。杨谅叛乱后，杨广有一个特别深切的体会，那就是隋朝的东部地区并不稳定，很容易发生变故。杨谅叛乱，东部不就有十九个州响应吗？发生变故当然得镇压，问题是，隋朝的都城大兴城远在西北，急切之间，反应太慢。此次杨谅叛乱，这个问题已经非常明显了。现在，叛乱固然已经结束，但是不能好了伤疤忘了疼，而是要查漏补缺，防患于未然。万一以后再出现这种情况怎么办？最好的办法当然就是在东边建一座都城，让东边也有一个稳定的政治核心，这样一来，以后东边再发生变故，就可以直接指挥行动了。

另外，当时还有一个很现实的问题：隋炀帝为了惩罚叛乱分子，把杨谅老巢并州的老百姓迁了好几万到河南来。在杨广看来，这些人都有同情杨谅的嫌疑，本身就是不稳定因素。怎么控制他们？最好的方法仍然是建都，就近震慑。这就跟周朝建立之后，把殷商的遗民都集中在洛邑，然后又定都洛邑是一个道理。所以说，安抚山东是营建洛阳城的最重要理由。

第二，这也是安抚江南的需要。杨谅叛乱，还体现出一个问题，那就是江南地区也并不稳定，人心思变。推动汉王杨谅起兵造反的，主要就是南方人。这要怎么解决？大兴城离山东地区远，离江南地区就更远、更鞭长莫及了。如果能在东部地区建一个都城，对江南的作战能力和震慑能力也会明显增强。

这样说来，无论是出于安抚山东地区的考虑，还是出于安抚江南地区的考虑，都需要在东部地区建立一座都城，问题是，这个都城为什么一定要选在洛阳？这就涉及第三个因素了。

第三，洛阳地理位置好，作为都城，比大兴城更有优势。中国古代，什么样的都城算是好都城？有一个叫陈建的明朝人写过一篇《建都论》，总结得非常清楚。他说：“夫建都之要，一形势险固，二漕运便利，三居中而应四方。”简单来讲，所谓建都三要素，第一是地势，第二是交通，第三是要居中。以这三个要素来衡量，就会发现洛阳的优势了。

首先看地势。洛阳符合不符合要求？太符合了。洛阳北靠北邙山，南临伊水，正好是所谓的被山带河，这样的地形，有夷有险，易守难攻。拥有守城之利，这对于都城当然重要。

其次看交通。洛阳最大的优势正在于运输便利，能够很好地解决漕运问题。这也是它和大兴城相比最为突出的优势。

大兴城坐落在关中平原上。关中平原虽号称八百里秦川，土地肥沃，但是无论如何，面积还是太小，单靠自身力量养活不了一个大都市。关中往西是比较荒凉的河陇地区，往东则是非常富庶的关东地区。所以，一直以来，坐落在关中的都城都要仰仗关东地区输送物资，特别是粮食。

可是，大兴城偏偏在交通方面有问题，让两地之间的流通非常困难。古代运输粮食一类的大宗物资，都要靠水运。大兴城若走水道东出关东，三门峡是必经之地。所谓三门峡，乃是人门、鬼门、神门三门，自古号称天险，漕船一到这里就过不去，只能改走陆路。人挑肩扛，翻山越岭，这样的成本消耗太大，划不来。如此一来，东边的粮食很难运进关中，每次关中平原闹水旱灾害，皇帝只能领着文武大臣、平民百姓，千里迢迢到东边逃荒。这多么辛苦！相反，洛阳就不存在这些问题。

洛阳城水陆交通都四通八达，当然比大兴城更有优势。

最后看居中。洛阳的第三大优势在于它居天下之中。可能有人会想，中国的地标中心不是在陕西吗？怎么洛阳又成了天下之中了？虽然按照中国领土的绝对比例，洛阳可能不是天下之中，但是，按照当时中原王朝实际可能利用的土地来计算，洛阳绝对是天下中心。事实上，即使到今天，河南还是号称中州大地。

居天下之中有什么意义？按照古人的政治想象，天子就应该在天下的中心，因此，天子所居的都城也应该占据天下之中的位置。而且，如果都城在天下之中，那么，皇帝的用心也会不偏不倚。都城在大兴城的时候，整个国家的政治文化都偏重于西北，对东部和南部明显关照不够。但是，把洛阳建成第二首都，无论东、西、南、北哪方有事，都可以立刻做出反应。与此同时，也可以借助都城来协调利用东南西北各地的人力、物力，这样，国家的发展不就更平衡了吗？

这样看来，营建洛阳绝不是一个算命先生一两句话就能左右的决定，恰恰相反，它是隋炀帝深思熟虑的结果，也符合当时国家发展的实际需要。既然营建新都有这么多好处，那还犹豫什么？隋炀帝是一个雷厉风行的人。就在大业元年（605）三月，随着他一声令下，洛阳城正式破土动工了。

二、东都形制

要建一座新都，隋炀帝可谓轻车熟路。因为有大兴城在那里做参照，就仿照大兴城的建造方式好了。隋文帝修建大兴城的时候，不是让宰相高颎领衔，工程技术专家宇文恺实际主持设计施工吗？这一次，隋炀帝照葫芦画瓢，照旧请宇文恺做总设计师，也还是让宰相领衔。只不过，当时的首席宰相已经是杨素了，所以，领衔的宰相也就从高颎变成了杨素。

工程技术班子不变，设计理念、设计思路也就基本不变，所以，乍一看，洛阳城还真像大兴城。两座都城之间有三大相似之处。

首先，它也是先设计，后施工，一张白纸好做文章，所以特别规整。

其次，它也是由皇帝住的宫城、大臣办公的皇城和老百姓住的外郭城三部分组成，宫城修在北边的高坡上，居高临下，俯视芸芸众生，还是突出皇权至上的主题。

再次，它也实行里坊制度，整个外郭城划分成一百零三个坊，说它“百千家似围棋局，十二街如种菜畦”，也未尝不可。

事实上，这座新建的洛阳城周长六十七里，比大兴城小了大约四分之一，乍一看，完全可以说它就是一个缩小版的大兴城。但是，仔细看，它和大兴城又有不同。哪里不同呢？

第一，洛阳城明显比大兴城华丽了。隋文帝是个追求质朴的人，所以，大兴城也建得非常简朴，城墙都不是一次完工的，而是一段一段接上去的；宫殿的材料也是拆东墙补西墙，尽可能地废物利用。但是，到了隋炀帝修洛阳城的时候，就大不一样了。再也不主张因陋就简，每座宫殿都极尽华丽之能事。

举一个例子。洛阳城里，皇帝举行典礼的正殿叫乾阳殿。这座大殿气派到什么程度？根据史书记载，这座宫殿“殿基高九尺，从地至鸱尾高一百七十尺，十三间二十九架”。它的台阶高达九尺，仅台阶就高三米左右，而大殿更是高达一百七十尺，按照今天的算法也足有五六十米高，整个大殿由十三间房子二十九根横梁组成。既宽阔又高耸，真是雄伟壮丽，高大巍峨。

为什么要这么雄伟？这才能凸显皇帝的气派！《红楼梦》里刘姥姥说“大家子住大房”，只有这样美轮美奂的大殿，才能真正凸显皇家的威仪。

事实上，不光是洛阳城的宫殿比大兴城的宫殿华丽，连洛阳城的禁苑也明显比大兴城的禁苑华丽。洛阳城的禁苑又叫显仁宫，就是皇帝的私人苑囿。其地位大体相当于大兴城北面的大兴苑。但是，大兴苑和大兴城一样，都有点因陋就简的意味，只是一片空旷的场地，并没有什么真正的设施。现在修洛阳城的禁苑，建设理念可就完全不一样了。

不一样在哪里呢？这座禁苑建得比洛阳城本身还漂亮。《资治通鉴》中有一段记载：“五月，筑西苑，周二百里；其内为海，周十余里；为方丈、蓬莱、瀛洲诸山，高出水百余尺，台观宫殿，罗络山上，向背如神。”大意是说，大业元年（605）五月，洛阳城西边的配套设施禁苑开工。洛阳城本身的面积是方圆六十七里，这个禁苑则是方圆二百里，约为洛阳宫的三倍大，而且里面有山有水。虽然都是假山和人工湖，但是，务必追求真实感。

怎样才最逼真？扩大规模就会增强真实感。按照这个思路，禁苑里面的水域周长有十几里，简直像内海一样，一眼望不到边，而方丈、蓬莱、瀛洲三座假山则高出水面一百多尺，直插云天，简直像真山一样。

这还不算，更让人觉得难以想象的是禁苑的装点。这禁苑有山有水，春、夏两季肯定非常漂亮，无须装饰。那秋天和冬天怎么办？不要紧，天然景致没有了，自会有人工景色来补齐。按照《资治通鉴》的记载：“宫树秋冬凋落，则剪彩为华叶，缀于枝条，色渝则易以新者，常如阳春。沼内亦剪彩为荷芰菱芡，乘舆游幸，则去冰而布之。”到了秋天和冬天，树叶凋落，花也没了的时候，人们就把绫罗绸缎剪成叶子和花的样子粘到树上去，一望之下，栩栩如生。丝绸做的假花草整天被风吹雨淋，总有褪色的时候，一旦褪色，马上又换一批新的，让禁苑之内始终一派春意盎然。水面也是用绫罗绸缎剪成荷花、荷叶、莲蓬、菱藕的样子，一旦皇帝巡游，就先行把冰除去，然后把这些剪好的装饰品放在水面上，确保皇帝的世界里永远没有灰色，没有冬天。

这不禁让人想起了《红楼梦》里的大观园，大观园所谓的琉璃世界，珠宝乾坤，不就是这番光景吗？建造大观园花光了贾府的资财，想来，洛阳城的建设也让隋朝的国库狠狠地动了动筋骨。

就这样铺张，还不是禁苑的全部内容。禁苑最迷人的地方是里面的十六院。这十六院都是沿河而建，里面住着最迷人的美女。每一个院子都有一位四品夫人做主人，客人当然就是隋炀帝了。这些主人为了招揽隋炀帝这个客人，都使出种种手段，真是无所不用其极。

隋炀帝当然愿意享受这样的生活，经常趁着月夜带几千名宫女从洛阳宫骑马来到禁苑夜游，而且，每次来的时候，还要让人演奏《清夜游曲》，一边骑马，一边听曲，一边想着十六院的女主人，这就不光是华丽，而是淫靡了。当年，隋文帝哪里体验过这样的生活！

可能有读者会想，洛阳城和大兴城不都是宇文恺修的吗？怎么差别这么大？

一是因为领衔的宰相变了。修大兴城的时候，领衔的宰相是老臣高颎。那是一个著名的老成持重之人，而且特别反对浪费。修洛阳城的时候，领衔的宰相变成了贵臣杨素。此人家资巨万，自己的房子都不比皇宫差，让他修皇宫，他能不高标准严要求吗？当初，隋文帝晚年修仁寿宫，就是杨素领衔监修的，结果搞得非常华丽。隋文帝让高颎去验收，高颎老是不客气地汇报说，奢侈太过，多伤人力。由此也可以看出这两人做事风格的差异。现在，杨素全权主持工作，当然就把自己的享乐理念灌注到洛阳城里来了。

二是皇帝的风格也变了。隋文帝是个克己复礼的人，所以，杨素给他修仁寿宫，奢侈了一些，还怕他追究，自己吓个半死。但是，新皇帝杨广和他的父亲并不一样。杨素和宇文恺早都看出来了，新皇帝是个好大喜功之人。怎样才能讨他喜欢？杨素和宇文恺的原则就是“穷极壮丽”。这样一来，洛阳城当然就比大兴城华丽了很多。

三是洛阳城跟大兴城功能不同。大兴城的定位是全国的政治中心、军事中心。这是一个非常严肃的定位。但是，洛阳城就不一样了。它固然也是位居第二的政治中心，但是，除此之外，它还要成为全国的仓储中心和经济中心。

如前所述，杨广一定要修建东都洛阳，除了加强对东部和南部的控制以外，很重要的一个因素就是要储存漕粮，不再当逐粮天子。既然洛阳水陆交通方便，隋炀帝就打算把这里建成一个仓储基地。所以，他在洛阳城内以及洛阳周边建了几个大粮仓，挖窖储粮。

首先是洛阳城里的含嘉仓。这个粮仓有多大？根据近年来的考古挖掘成果和唐代记载，这座粮仓能储存粮食五百八十三万多石，以一石折合八十一斤来算，大约二十四万吨。这可是个了不起的数字。但这还不是洛阳粮仓的全部。

除含嘉仓之外，隋炀帝还在洛阳设置了洛口仓和回洛仓。其中，洛口仓有三千口粮窖，每窖能容八千石，折合近一百万吨，而回洛仓设置三百口粮窖，收储的粮食也达到十万吨以上。这三大粮仓的存粮量已经达到一百三十多万吨。这个数字，即使在今天也不容小觑。

再看经济中心。洛阳城修好之后，隋炀帝马上就让周围居民都进城，农转居了，这一举措初步奠定洛阳城的人口规模。可是，一个城市要繁荣，不仅仅要有人，更要有富人。为了让洛阳尽快繁荣起来，隋炀帝又迁了几万家富商、几千家地主和几千家手工业者到洛阳，拉动内需。伴随着大规模的移民，洛阳的户口总数迅速地达到了二十多万户，总人口也有百万之众。这在当时的世界上，恐怕只有大兴城可以媲美。

有人，有钱，再有工商业，经济就活跃了。经济活跃的指标要看市场。

大兴城有两个市场，一个叫东市，一个叫西市。而洛阳城则有三个市场，分别是北市、南市和西市。而且，每个市场都有直接可以行船的河渠和码头。这样一来，运输、贸易就方便了许多。

就这样，经过隋炀帝这么一番打造，洛阳城迅速地成为当时中国最繁华富丽的城市，一下子就把冷峻严肃的大兴城比下去了。

三、洛阳得失

综合参考洛阳城的规模、华丽程度和功能就能明了，这座新城可不仅仅是大兴城的一个东方缩小版，事实上，隋炀帝对它的期望值相当高。高到什么程度？在隋炀帝眼里，洛阳就是全国的政治、经济、文化中心。换言之，洛阳城一建立，隋朝的整个重心都向东方倾斜了不少，这可是隋炀帝时期国家定位的一大变化。

那么，今人应该怎样评价这座新都城？有三方面的问题不容忽视。

第一，隋炀帝修这座城，眼光相当精准。要知道，中国的国土面积很大，在古代交通、信息不畅的情况下，只靠一个首都来管理这么大的国土存在很多困难。为此，古代人很早就发明了两京制。比如西周定都镐京，又营建东都洛邑。隋炀帝在大兴城之外又修建东都洛阳，当然也有这方面的考虑。

但是，他考虑的问题还不止于此。修建洛阳城，可以在一定程度上打破关陇贵族集团对政治的垄断，让国家的政治气度更宏大一些。要知道，隋朝定都大兴城，其实和它的历史传统有关。隋朝继承北周，北周继承西魏，无论政权怎么更迭，都是关陇贵族占统治地位。关陇贵族出身于关中地区，家族势力也在关中地区，所以，他们的都城也必定放在关中。

这样一来，大兴城其实就成了关陇贵族集团的大本营。

如果这个政权还只是一个地区性政权，这样做当然可以。但是，此刻的隋朝已经不再是一个地区性政权，而是一个全国性政权了。在这种情况下，如果只是死守大兴城，死守关陇集团的老根据地，就会显得非常狭隘。当初王頍和萧摩诃之所以撺掇杨谅造反，就是因为他们是南方人，怎么也融入不了隋朝的统治核心。这就是偏重于一端的政治模式所暴露出来的问题。

现在，随着洛阳城的建立并且成为新的统治中心，杨广其实也是在向东方和南方人做一个表态：大隋王朝是一个整体，以后，国家要打破原来的地区垄断，隋朝的机会将会向每一个人开放。这是极有眼光的一件事，也是营建洛阳城最大的意义。

第二，就在修洛阳城的过程中，隋炀帝急功近利的苗头已经显现了。洛阳城是从大业元年（605）三月开始修的，到大业二年（606）正月，这座新城已经完工，总共才用了十个月。如此大的工程量，为什么这么短时间就能完成？因为投入的人工太多了。按照史书记载，修建东都洛阳，每个月投入的人工有两百万人。

这个数字到底意味着什么呢？比较一下前朝就知道了。当年，北周的天元皇帝也是一个有理想的人，他也曾经想修建洛阳城。为此，他每月役使四万人筑城，这在当时已经是物议沸腾。要知道，北周天元皇帝可是一个著名的暴君，他动用的民力只不过是每月四万人，而隋炀帝为了迅速完成任务，居然能一次性动用两百万人，这就让劳役显得非常夸张。这样看来，虽然洛阳城还只是隋炀帝建立的第一项大工程，算是牛刀小试，但是，隋炀帝急功近利、滥用民力的苗头已经初露端倪。

第三，在修洛阳城的过程中，隋炀帝好大喜功、奢侈腐化的倾向出现了。无论是建宫殿，还是修园林，隋炀帝都务必要做到最好，这让人在惊叹的同时也感到一丝不安。有道是“楚王好细腰，宫中多饿死”。即使像隋文帝那样节俭的皇帝，杨素尚且想要建一座美轮美奂的离宫来讨好他；如果皇帝本身就追求奢侈，那么，大臣的行为就会更加没有节制，这样一来，老百姓的负担就越发沉重了。

当初，隋炀帝下令修洛阳城之前，曾经下过一道诏书。在诏书里，他说：“非天下以奉一人，乃一人以主天下也。民惟国本，本固邦宁。百姓足，孰与不足！今所营构，务从节俭。无令雕墙峻宇，复起于当今；欲使卑宫菲食，将贻于后世。”大意是说，当皇帝是要以一人治理天下，但绝不是让天下奉养一人。国家最重要的是老百姓，老百姓是国家的根本，根本坚固，国家才能安宁。老百姓若是富足，天下也就富足了。所以今天建设这个宫殿，绝不能损害百姓的利益，不能让雕墙峻宇成为我们追求的目标，相反，要让卑宫菲食的节俭传统代代相传。

这话说得多好听！可是，真到执行的时候，他却把自己的话全忘了。他忘了节俭，百姓也就没了安宁。就是这座洛阳城，让老百姓付出了“僵仆而毙者，十四五焉”的代价。所以，《隋炀帝艳史》里才说：“巍焕无非民怨结，辉煌都是血模糊。”虽然是小说家语，但是相当深刻。

就是这种代价，让这个本来大有益处的都城蒙上了一层阴影，也让隋炀帝的统治形象蒙上了一层阴影。

那么，隋炀帝下一步会向何处去？他是会继续这种思路，还是会有所改变？

第五章 千秋运河

说起隋炀帝，无论如何也绕不过他开凿大运河。有人说“种柳开河为胜游”，批评隋炀帝仅仅为了满足个人巡游江南的私欲，就大兴劳役，陷民于水火；也有人说“至今千里赖通波”，称赞大运河的开凿为沟通南北做出了贡献。隋炀帝开凿运河，真的只是为了饱览江南美景吗？大运河对中国历史又到底意味着什么？

一、开河原因

年纪大一点的人都知道，过去老人家吓唬不听话的小孩子，常常会说：马虎子来了。小孩听大人说得如此严肃，也会安静上一阵子。这吓人的“马虎子”到底是何方神圣呢？其实，马虎子真正的读法应该是麻胡子，大名叫麻叔谋。而说起麻叔谋的可怕之处，又涉及隋炀帝时期一个最著名的工程——开凿大运河了。

隋炀帝修大运河在中国历史上非常有名。有名的程度和秦始皇修长城属于同一个重量级别。基本上，人们只要想到秦始皇，就会想到修长城；想到隋炀帝，也一定会想到开凿大运河。如果隋炀帝的一生，只允许探讨一件事，那么，没有任何其他选择，要探讨的一定就是大运河。既然大运河如此重要，那么就要了解一下，隋炀帝为什么要开凿大运河？大运河究竟是怎么修成的？还有，大运河对隋炀帝、对中国历史，又意味着什么？

就在大业元年（605）三月二十一日，隋炀帝刚刚下令营建东都洛阳之后四天，他又下了一道新的命令，征集百万男丁，开挖一条水道，把黄河和淮河连接在一起，这条水道就是大运河最重要的一个组成部分，后来叫通济渠。

营建东都本来就是一项重大工程，既然一项重大工程刚刚开展，应该是国家的人力、物力、财力都比较紧缺的时候，为什么隋炀帝非要在这个时候再上马一项新的大工程？关于隋炀帝开凿运河的原因，有两个流传最久的解释，一个是游江都，另一个则是压王气。

这两个解释，其实都出自一本唐朝的笔记小说《炀帝开河记》。根据《炀帝开河记》的记载，隋炀帝有一次看到一幅《广陵图》，立马就呆住了，眼睛盯着画一动不动，好久都不愿意离开。萧皇后很奇怪，就问他：这画怎么那么好，陛下都看呆了？隋炀帝说："朕不爱此画，只为思旧游之处。"我不是爱这幅画，只是怀念以前游览过的地方。

于是左手搭在萧皇后肩膀上，右手指着图上的山水、村落、寺宇，一一讲给萧皇后听。萧皇后明白，隋炀帝这是思念扬州了，就提议："帝意在广陵，何如一幸？"既然想念扬州，何不前往游幸呢？

隋炀帝一听，很是动心，第二天就召见大臣，说要坐大船，走水路，下扬州。

这条水路怎么走？隋炀帝说，可以先进入黄河的支流汴河，从汴河到黄河，再进入东海，然后再从海路到淮河，再到扬州。可是，他这个想法刚一提出来，就有大臣表示反对，说这样走必然经过孟津，那个地方水流湍急，不安全。

怎么办呢？萧皇后的弟弟萧怀静提议道：最近有术士说睢阳（今属河南商丘）有王气，这个说法不能小觑。如今既然陛下想走水路，天然水路又不安全，还不如人工挖一条水路，从汴河一直挖到淮河，这条水路肯定经过睢阳，这样一来，不光是交通安全问题解决了，顺便也把睢阳的王气给挖断了，这不是一举两得吗？

隋炀帝觉得很有道理，马上下令执行，这才有了大运河。

按照这种说法，开凿运河就是隋炀帝怀旧和迷信的产物。这样的解释可信不可信？当然不可信。它有两大问题。

第一，《炀帝开河记》作为笔记小说，硬伤太多了。比如，它说隋炀帝在当皇帝之前是陈王，这当然不对，众所周知，他的封爵是晋王。还有，说萧皇后的弟弟叫萧怀静也不对，遍查史书，萧皇后的兄弟都是单名，而且排斜玉旁，比如萧琮、萧瑀等，兄弟们的表字都带一个“文”字，如萧琮字温文，萧瑀字时文，绝对没有一个叫萧怀静的兄弟。连这么基本的问题都搞不清，这本小说的整体可信度也就大打折扣了。

第二，这部笔记小说把隋炀帝说得过于迷信了。听说睢阳有王气，就兴师动众地挖一条大运河去厌胜，这完全不符合隋炀帝的性格。此前提到过，隋炀帝改元大业，有人说大业的“业”字（繁体字作“業”），可以拆成一个“苦”字和一个“末”

字。所以，“大业（業）”就是“大苦末”，不吉利，隋炀帝不为所动，照样用大业做年号，可见隋炀帝是个相当理性的人，并不迷信。既然如此，他怎么会因为一个荒唐的王气之说，就启动这么一项大工程？这实在太贬低隋炀帝了。

读者朋友们可能会觉得，就算如此，说隋炀帝开凿大运河是为了下扬州总没有错吧？这个说法其实半对半错。

先说半对。可以肯定，开凿大运河确实和隋炀帝游江都有着密不可分的关系。大业元年（605）三月二十一日，隋炀帝下令开挖通济渠。而在三天之前的三月十八日，隋炀帝已经下诏，宣布要游历淮海。而且，当年八月通济渠和邗沟开通，隋炀帝马上就沿着运河下扬州了。这说明隋炀帝挖运河与下扬州确实息息相关。说开凿大运河是为了下扬州，并没有错。

那为什么又说半错呢？因为隋炀帝开凿大运河也好，下扬州也好，都不是一个简简单单的情感或者喜好问题，而是有着复杂和深刻的背景，其中有两方面最为重要。

第一，南方的政治稳定。

第二，南方的经济发展。

先看南方的政治稳定。隋朝是由西边的北周、东边的北齐和南边的陈朝三部分构成的。隋文帝虽然用军事手段把三部分整合在一起，但是，作为被征服地区，东边和南边一直不太稳定。开皇十年（590），南方不是曾经全境皆反吗？南方一旦发生叛乱，就需要隋朝做出反应。可是，隋朝的都城大兴城远在西北，山遥路远，信息不畅。另外，即使信息通了，如何从北方调集兵力、财力到南方，也是一件麻烦事。

要知道，在人类发明铁路之前，人员也好，物资也好，只要是大宗的运输，就数走水路最方便，因为水力比人力、畜力都强大多了。可是，中国的地形西高东低，一江春水向东流，除了西北的额尔齐斯河和西南的澜沧江，鲜有南北走向的水道。这样一来，如果想把北方的士兵运到南边，就会相当不便。

杨广是当年平陈战争的统帅，又亲自参与南方平叛，此后坐镇扬州十年，对这个问题有比较深入的认识。怎么解决呢？他一上台，先营建东都洛阳，要在东部地区建立政治中心，目的就是及时对东边和南边的事态做出反应。

与此同时，他还要开凿大运河，利用人工水道把北边和南边联系起来，这样也好解决战争状态下运兵的问题。换句话说，在当时，开凿大运河首先是江南维稳的需要，也是维护统一的需要，是一个政治举措。只有考虑到这个因素，才能解释为什么隋炀帝刚刚下令营建东都，随即就下令开凿大运河，然后马上巡游扬州。因为在隋炀帝看来，这三件事本来就是三位一体的关系。

再来看第二个背景，南方的经济发展问题。开凿大运河，可不是单向的政治考虑。它除了能把北方的军队运到南方之外，还能把南方的粮食运到北方。这就涉及中国历史上一个非常重大的问题：江南开发。

在更早的秦汉时期，江南地区还一片荒芜，人烟稀少，非常落后，在整个国家中的经济地位甚至可以忽略不计。当时的政治中心在关西，经济中心在关东，都属于黄河流域，所以，跟一江春水向东流并没有什么关系。但是，经过魏晋南北朝的大动荡，很多北方人都到了南方，南方逐渐被开发，成了物产丰富的鱼米之乡。

到隋朝的时候，南方在全国经济中的比重已经超过了百分之四十，而且发展后劲十足，俨然是成长最快的经济区，这就不能忽略不计了。经济中心逐渐南移，而政治中心还在北方，两个中心无法沟通，这样一来，原来的一江春水向东流就成了问题。隋炀帝镇守江都十年，对这种形势的改变认识得非常清楚，所以，从经济的角度来讲，也有必要开凿大运河，沟通南北。

这样看来，大运河的开凿有着非常严肃的政治、经济目的，是隋炀帝判断形势、高瞻远瞩的结果，绝不是帝王享乐或者是迷信这样肤浅的理由所能概括的。

二、运河构成

开凿大运河有十足的必要，问题是，具体怎么开凿？隋唐大运河北起涿郡，南到余杭，沟通海河、黄河、淮河、长江、钱塘江五大水系，在中国的大地上跨了十多个纬度，全长四千多里。这么大规模的工程，规划必须先行做好。

隋炀帝做出的规划，有三点至关重要。

第一，分段开挖。

第二，尽量利用原有水道。

第三，以洛阳为中心，向东南和东北两个方向延伸。

先看第一个特点，分段开挖。大运河沟通五大水系，这五大水系是由四条运河沟通在一起的。沟通海河与黄河的叫永济渠，沟通黄河与淮河的叫通济渠，沟通淮河与长江的叫邗沟，沟通长江和钱塘江的叫江南河。这四段运河，大致分了三次开挖。

首先是大业元年（605）三月，开凿通济渠和邗沟。为什么这两段最先开凿？很简单，为了隋炀帝下扬州。扬州在长江的北岸。隋炀帝从洛阳到扬州，要先从黄河流域进入淮河流域，再从淮河流域进入长江流域。这样一来，沟通黄河与淮河的通济渠，还有沟通淮河与长江的邗沟自然要率先开工。

其次是大业四年（608）开凿永济渠。永济渠沟通海河和黄河，一直可以走到北方的涿郡，也就是今天的北京城。为什么在大业四年开凿永济渠？为了打高句丽。大业三年（607），隋炀帝北巡草原，就在突厥启民可汗的牙帐里，看见了高句丽的使者，同时也就产生了征服高句丽的念头。涿郡自古就是东北地区的军事重镇，把这里作为征东大军的后方基地再合适不过了，既然如此，就要迅速开挖这段运河，把洛阳和涿郡连接起来，以便日后运兵、运粮。

最后开挖的是江南河，这是在大业六年（610）开始动工的。当时，隋朝势力达到鼎盛，隋炀帝北巡西狩的工作都已经完成，大规模的战争还没有开始，算是难得的轻松时光。在这种情况下，美丽富饶的长江三角洲进入了隋炀帝的视野，无论是从眼前的巡游览胜，还是从长远的经济沟通考虑，把三吴地区包含进全国水道网中都是非常合理的想法。

就这样，前后经过六年的时间，分三次努力，四段运河相继完工。这一规划的轻重缓急非常分明。

再看第二个特点，利用旧有水道。虽然沟通南北的大运河是隋炀帝的创举，但是，在局部地区开挖运河的传统却是古已有之。比如春秋末年，吴王夫差为了北上争霸，开凿了连接江淮的邗沟，这其实就是隋朝大运河邗沟段的基础。另外，还是春秋末年，魏国强大，为扩张需要，又开挖了连接黄、淮的鸿沟，这其实是大运河通济渠的基础。这些水道断断续续，年久失修，但是，有基础总比没基础强。隋炀帝就是在这些旧运河的基础上，裁弯取直，疏浚引流，才形成了全长四千多里的大运河。

如前所述，整个大运河系统一共用了六年的时间完工，但是，这六年可不是天天在挖沟。其中，通济渠和邗沟有明确的时间记载，一共用了五个月的时间完工，其他两段运河永济渠和江南河没有具体记载，但是，可以想象，每一段用的时间应该相差不太大。

为什么不连续挖掘呢？因为挖河和其他工程不一样，必须在枯水期开挖。这样一来，每年能用的时间就有限了，大略估算一下，几段运河开凿的时间加在一起，恐怕也不会超过一年半的时间。

这么长的水道，怎么能在这么短的时间内完工？其中一个很重要的原因就是尽可能地利用旧有河道。这样规划，也算充分考虑了省时、省力、省钱的节约原则。

再看第三个特点，以洛阳为中心，向东北、东南伸展。为什么要特别强调这个特点？因为洛阳是隋炀帝考虑全部问题的中心。隋朝立国的基础本来是以大兴城为中心的关中地区，但是，关中偏在西北，不利于对全国的控制。隋炀帝即位后，开始有意识地把国家重心向东部迁移。

最合理的迁移地点就是东都洛阳。洛阳位置居中，向西可以通过隋文帝开凿的广通渠连接大兴城，向东可以辐射整个东部地区。而大运河，正是以洛阳为结点的一个“人”字形水道。洛阳以北的永济渠是“人”字的一撇，叫北运河；往南的通济渠、邗沟和江南河是“人”字的一捺，叫南运河。形象一点说，东都洛阳就好比是一个人的心脏，而一撇一捺，既可以比作两条胳膊，又可以比作两条血管。如果是两条胳膊，那就让它紧紧地拥抱整个东部地区。如果是两条血管，那么，东、西、南三部分的血脉就靠它联通起来了。

其实，这个特点也正是隋朝运河和元朝以后京杭运河的主要区别。京杭运河不是北起北京，南到杭州吗？和隋唐运河的起点和终点都一样，往往有人把这两条运河混为一谈。

但事实上，这两条运河可大不相同。它们最大的区别在于中心点不同。京杭运河以北京为中心，所以，它基本是一条直的水道，从北京直达杭州。而隋朝大运河则是以洛阳为中心，洛阳远比北京靠西，所以，整个运河就不是一条直线了，而是走了一个“人”字形。走一条直线，那是沟通南、北，走一个“人”字形呢？那可是沟通东、西、南三方了。

从这两条运河的不同走向，可以大致看出中国历史的发展变化。隋唐时代，中国还是东、西、南三部分相对平衡地发展，各有优势；而到了元明清，则是东边的权重远远高于西边了。

三、运河意义

就这样，经过前后六年的时间，一条四千多里长、沟通五大水系、辐射东西南三方的庞大水利工程大运河，终于全面竣工。这也是人类在近代以前开凿的最长的人工运河，比后来的京杭运河还长一千四百多里。

这么一个大工程，应该怎么评价？以今天的眼光看，我们必须承认，这项工程太伟大了。

首先，它促成了隋朝的政治统一和经济流通，是隋朝富强的基础。这在此前已经说明，无须赘言。但是，这还不是大运河的全部意义。

更重要的是，大运河的作用不仅体现在隋朝一个时代，而是一直到唐、宋两朝。以唐朝为例，安史之乱以后，唐朝东北部地区大片土地都割据自雄，不再给远在西北的中央提供赋税了，在这种情况下，大运河就成了唐朝的生命线，就是靠大运河源源不断地输送来东南地区的财富，唐朝才又苦苦支撑了一百多年。后来黄巢起义断绝运河河道，唐朝就迅速灭亡了。一条运河维系了一个历史上最强大的朝廷，这样的功劳，再怎么评价也不为过。

再看宋朝。宋朝经济发达，首都汴京（今河南开封）盛极一时。以汴京为背景的《清明上河图》，直到今天还让人赞叹不已。汴京的发达是怎么来的？跟大运河也有莫大关系。据《宋史·河渠志》中记载，宋朝人张洎说过：“**唯汴水横亘中国，首承大河，漕引江、湖，利尽南海，半天下之财赋，并山泽之百货，悉由此路而进。**”大意是说，只有那汴水贯穿中国，连接黄河，又通过航运沟通长江，惠及南海，天下一半的财富，以及山川湖泽无数的宝物，全都要从这条水路运往朝廷。

在这段话里至关重要的汴水，指的就是大运河通济渠一段。甚至直到元、明、清三朝，虽然因为政治中心的东移，重新开凿了京杭运河，但是，京杭运河在很多地方还是沿用了隋代大运河的河道。有些河段，直到今天还能继续通航。真可谓一条大河波浪宽，利国利民千余年。

中国人固然有修运河的传统，但是，在隋炀帝以前，所有的运河都是局部的、支离破碎的。编织起一张覆盖全国、泽被千秋的水道网，从来就没有人想过，也从来就没有人做过，但是，隋炀帝想到了，也做到了。这难道不伟大吗？

问题是，隋朝的老百姓怎么看待这项工程呢？他们的心情和我们这些千载之后的旁观者并不一样。我们说这项工程伟大，是因为我们只享受它的恩惠，而没参与它的建设，真正的建设者，恐怕就要说它是一条吃人的河了。

大运河真正开凿的时间其实不足一年半。用一年半的时间贯通四千多里，虽然尽量利用旧有水道，但是，对老百姓而言还是极其沉重的负担。按照《资治通鉴》的记载，开凿通济渠，隋炀帝一次役使男丁百余万；开凿邗沟，役使男丁十余万；开凿永济渠，更是征发丁壮五百余万。后来，丁男实在不够用了，居然让妇女服役，这在整个中国历史上都是非常罕见的。

工程量大还不算，大运河工程质量的要求还特别高。高到什么程度？就拿最先开通的通济渠和邗沟来说，隋炀帝要求“渠广四十步，渠旁皆筑御道，树以柳”，这条运河的宽度要统一为四十步，还要在河岸上都栽上柳树。

这些柳树，直到唐朝后期还挺立在河堤两岸，诉说着岁月的沧桑。白居易感时伤世，为之赋诗《隋堤柳》：“隋堤柳，岁久年深尽衰朽。风飘飘兮雨萧萧，三株两株汴河口。老枝病叶愁杀人，曾经大业年中春。大业年中炀天子，种柳成行夹流水。西自黄河东至淮，绿阴一千三百里。大业末年春暮月，柳色如烟絮如雪。南幸江都恣佚游，应将此柳系龙舟。紫髯郎将护锦缆，青娥御史直迷楼。海内财力此时竭，舟中歌笑何日休？……”

种柳树当然没有错，但是，当年那些挖河的民夫，种树的丁匠，面对如此紧急的工程，如此高标准的规格，又会作何感想呢？而且，就在修运河的同时，隋炀帝还在沿岸兴修了大量的行宫和粮仓作为配套设施。这样一来，整个工程量就更大了。

如此大的工程量，如此紧迫的时间，怎么完成？跟修东都洛阳一样，让冷血的监工监督，逼迫民夫进行超常规、超负荷的劳动。这样一来，结果不用说，又是民夫大量死亡。

本章开篇提到过的麻胡子麻叔谋，就是当时监工的代表。按照《隋帝开河记》的说法，麻叔谋是开河总监，素以严厉著称。每天监督别人，自己也难免着急上火，到了宁陵（今河南宁陵），麻胡子病倒了。医生看了看，开了几服药，留下话，说必须用羊肉当药引子才行。麻叔谋赶紧让人在当地买羊肉。

宁陵县有个人叫陶榔儿，一听说这件事就动心思了。他家祖坟靠近运河河道，他害怕挖河的时候挖到他家祖坟，想给麻叔谋送礼，请麻叔谋稍微改道，绕过他家祖坟。送什么礼呢？麻叔谋不是要吃羊肉吗？按道理应该送羊肉。可是，陶榔儿觉得这礼物太普通了，不够档次，干脆偷了别人家一个小孩，谎称羊肉，蒸熟后献给麻叔谋做药引子。麻叔谋吃得香美异常，十分满意，就真的下令让河道在经过陶家坟地时绕了个弯。其他黑恶势力一看，原来送孩子肉就能办成事，纷纷在四邻八乡偷孩子，孝敬麻叔谋。

麻叔谋一共吃了多少小孩？据说有好几百个。这样一来，老百姓吓坏了，谁家有小孩都赶紧藏起来，连晚上睡觉都把小孩锁在柜子里。小孩一哭一闹，大人赶紧说，麻胡子来了！小孩一听，马上一声不吭。久而久之，麻胡子就和欧洲的蓝胡子一样，成了吓人的怪物，直到今天，许多农村老太太还这么吓唬小孩。

这故事是不是真的？很可能不是。因为在《隋书》或者其他文献中，完全找不到有关麻叔谋的记载，但是，它反映的情绪是真的。老百姓不敢骂皇帝，就塑造了这么一个黑心的、吃人的开河总监。这吃人的麻胡子背后，不就是吃人的隋炀帝吗？把这毁誉两方面的意见综合起来，就能对大运河进行整体评价了。

什么评价呢？这项工程非常伟大，但是，过程太快，政策太猛，造成了滥用民力的大失误。然而，这是我们今天的反思，隋炀帝本人并没有意识到这一点。

据说，隋炀帝在通济渠开通以后，非常兴奋，曾经写下《水调歌》志喜。老百姓在哭，皇帝在歌，这一歌一哭之间，问题就来了。和营建东都洛阳一样，一项伟大的工程如果不能惠及当时的百姓，一个雄心勃勃的皇帝如果不能体恤自己的子民，一个高速前进的王朝如果不肯等等蹒跚前行的百姓，让他们稍稍喘口气，及时休养生息，那么，离心离德的情绪就会出现。而这种情绪一旦蔓延开来，对隋炀帝的统治，对隋朝的发展可都不是好事。

隋炀帝已经开了运河，那么，他下一步又要做什么？

第六章 游幸江都

大运河的开凿，尽管有长远意义上利国利民的一面，但它带给隋炀帝更多的是骂名。大运河开通后，隋炀帝做的第一件事就是游江都。巡游江都固然让隋炀帝本人风光无限，但也让后来的史家和小说家捕风捉影，大肆渲染，直至演绎成隋炀帝一生最大的罪状之一。隋炀帝为什么非要那么大张旗鼓地游江都？为什么这次巡游会招致那么多的非议？

一、巡游江都

隋炀帝把营建洛阳、开凿运河和巡幸江都作为三位一体的问题来看待。前两件事都办完了，接下来就是巡幸江都了。

大业元年（605）八月，通济渠和邗沟刚一开通，隋炀帝马上发布命令，从洛阳出发，沿着新开凿的大运河，巡游江都。这次巡游，排场可太大了，创造了三个空前绝后。

第一，船队规模空前绝后。

第二，船夫人数空前绝后。

第三，沿途供应空前绝后。

先看第一个特点，船队规模空前绝后。根据《隋书·炀帝纪》的记载，为了这次巡游，事先建造的船队有龙舟、凤艒、黄龙、赤舰、楼船等大小船只数万艘。其中，真正使用的也有数千艘。这“数千艘”是什么概念？唐朝杜宝的《大业杂记》有一个详细的清单，包括：龙舟一艘，翔螭一艘，浮景舟九艘，漾水彩舟三十六艘，五楼船五十二艘，三楼船一百二十艘，二楼船二百五十艘，等等，加起来一共五千一百九十一艘。

这五千多艘船，可以按照船只级别和使用者的身份大致分为三等。

第一等是水殿，是皇帝和后妃乘坐的。包括隋炀帝乘坐的龙舟，萧皇后乘坐的翔螭，高级妃嫔乘坐的浮景舟和中下级妃嫔乘坐的漾水彩舟。为什么这些船统称水殿？因为它们都是宫殿式设计。

其中，隋炀帝乘坐的龙舟最大，高四十五尺、阔五十尺、长二百尺。隋朝一尺大约相当于三十厘米，换算下来，这个龙舟就有六十米长、十五米宽、十三米高。这十三米的高度被分成了四层。其中，最上层分为正殿、内殿和东西朝堂，中间两层一共有一百二十（另一说法是一百六十）个房间，最下层则是宦官和船夫居住。整个船体到处装饰金银珠宝，还挂满流苏，遍插羽毛，通体金碧辉煌，分明就是一座水上宫殿！

其次是萧皇后乘坐的翔螭舟。翔螭舟比龙舟稍微小一号，但是，规格和装饰则是一样的，也是四层结构，五彩焕然。

翔螭舟之下是高级妃嫔乘坐的九艘浮景舟，一共三层，所以又叫小水殿。

浮景舟之下是贵人、夫人乘坐的漾水彩舟，一共三十六艘。漾水彩舟的规格再降一等，只有两层，又叫大朱航。

这四十七艘船共同构成了水殿，算是船队里的第一等。

第二等姑且称为楼船，是给官员乘坐的。其中，诸王、公主以及三品以上高官乘坐的叫五楼船；四品官和一些高僧、高道乘坐的叫三楼船；五品官和各国使节乘坐的叫二楼船；五品以下官员和家属乘坐的叫黄篾舫。这些船具体什么样史书没有明确记载，但从名称来看，或许是从五层楼到一层普通船递减的结构。

第三等则是普通士兵乘坐的运兵船。除此之外，还有装仪仗和物资的运输船。

这么多船一共搭载了多少乘客？最保守估计应该不下十万。这么大规模的船队，在水面上排列开来，从头到尾就是二百里长，按照《资治通鉴》的说法，是“**舳舻相接二百余里，照耀川陆，骑兵翊两岸而行，旌旗蔽野**”。船头、船尾接在一块儿，在水面上排开二百多里长，光彩夺目，把山水都照亮了。两岸还有骑兵打出来的旗帜，铺排开来，遮天蔽野。场面极其宏大。单是从第一艘船起航，到最后一艘船离港，就整整用了五十天时间。

这样大规模、高规格的船队，恐怕连明朝的郑和下西洋或者清朝的乾隆南巡，都要望尘莫及！

再看第二个特点，船夫人数空前绝后。古代没有机动船，船要么是依靠风力，扬帆起航；要么是靠人力，由船夫划桨，或者由纤夫拉着走。隋炀帝这些船个头太大，而且运河风力不足，所以，都是纤夫拉着走的。纤夫都是由什么人来担任的呢？各种记载的说法就不一样了。按照《大业拾遗记》《隋炀帝艳史》这一类笔记小说的说法，这些拉纤的可不是一般的纤夫，而是一些妙龄少女。

为什么要选妙龄少女做纤夫？据说这是大臣王弘出的主意。他说陛下的龙舟如此华丽，如果用男丁拉纤，影响美观。不如到江南去选一千名十五六岁的女孩子，让她们打扮成宫女的样子拉纤，多有情趣啊。

隋炀帝一听也觉得有趣，但是又担心女孩子体力不好，万一拉不动怎么办？王弘笑说，这好办。如果一千个女孩子拉不动，就再选一千只白色的小山羊，一个美女配一只小羊，人力畜力加起来，不就行了？隋炀帝一听，大喜过望，就依计而行了。

为什么用羊不用牛马？因为在古代，羊是具有某种色情含义的动物。西晋武帝司马炎曾经乘坐羊车到后宫巡游，羊停在哪位夫人门前，就临幸哪位夫人。所以，羊和美女是风流绝配，可以凸显隋炀帝的荒淫。

然而事实并非如此，这只是一个段子。那么，事实究竟如何呢？可怕的是，事实比段子还夸张。

隋炀帝巡游，绝对不是只用了一千个纤夫，而是总共用了八万人。其中，给龙舟拉纤的叫殿脚，一共一千零八十人，分为三番，三班倒，每番三百六十人；给翔螭拉纤的也叫殿脚，一共九百人，分成三番，每番三百人。给浮景舟拉纤的叫黄夫人，每船一百人，一共九百人，以此类推，级别越低，船夫越少，一直到运兵船和运输船，就不给纤夫了，都是由士兵自己拉纤。

这些拉纤的纤夫都统一着装，特别是给皇帝、皇后和妃嫔拉纤的，一律身着锦袄，远远望去，简直就是移动的云锦一样。这样的排场，也是空前绝后。

再看第三个特点，沿途供应空前绝后。隋炀帝这个船队的乘客最少是十万人，拉纤的船夫又有八万多人，加起来，就差不多是二十万人了。这么多人，路上的物资供应怎么解决？总不能带着肉、蛋、奶上路吧？没错，隋炀帝才不带这些呢，所需物资一律由沿途州县供应。

怎么供应呢？隋炀帝下令：“所过州县，五百里内皆令献食。”也就是说，只要是运河沿岸五百里以内的州县，都有供应物资的义务。

皇帝摆这么大的排场出来了，周围的州县哪敢不小心伺候，唯恐自己送的不够多、不够精，让皇帝不满意，所以都是竭尽所能。每个地方一送都是好几百抬，水陆奇珍应有尽有。光是被征调来送饭的民夫每天都在十万以上，真是家家骚动，人人不安。州县送来这么多东西，隋炀帝一行能吃得完吗？根本吃不完。吃不完怎么办？扔掉就是。很多东西动也没动，直接就填埋在路边了，这真是巨大的浪费！

可能读者朋友会觉得，隋炀帝这件事做得太差劲了。为了自己游山玩水，就这样浪费民力，虚耗资财，这不是一个昏君吗？在很大程度上确实如此。游江都可能是给隋炀帝带来最多骂名的事情，历史上基本没有什么正面评价。不仅对这件事本身没什么正面评价，就连开凿大运河，都受到游江都的连累，显得不那么正面了。

唐朝后期，对隋炀帝印象很好的皮日休说过：“若无水殿龙舟事，共禹论功不较多。”本来开凿大运河的功劳是可与大禹治水相提并论的，但是，一旦连上游江都，马上就成了“种柳开河为胜游”，意义也就大打折扣了。

那么，隋炀帝这么大张旗鼓地游江都，难道真的只是为了炫耀，为了排场，为了享乐吗？是否还有其他一些因素？那就需要看看，隋炀帝在江都都做了什么事。事实上，隋炀帝在江都做了两件事。

第一件，安抚江南。

第二件，炫耀文物。

二、安抚江南

大业元年（605）八月，隋炀帝下令巡幸江都。经过一个月的行程，到九月，他就来到了扬州城。扬州可是隋炀帝的故地，当年，他第一次到扬州的时候，还是一个二十岁的青年王子，虽说号称是伐陈的统帅，但是，那只是个名分，并没有多少真实的权力。

后来，他离开扬州的时候，已经是三十多岁的成年人了，是十年的扬州总管生涯让他积累了雄厚的政治资本，帮助他最终夺嫡成功，成为太子。

此刻，他再到扬州，已经是龙飞九五、富有四海的大隋天子，抚今追昔，真是感慨万千，这扬州也算是隋炀帝的福地。

当年，项羽当了西楚霸王之后说：“**富贵不归故乡，如衣绣夜行，谁知之者！**”富贵以后如果不回到老家，就像穿着好衣服走夜路，谁会知道呢？

隋炀帝跟西楚霸王一样，也是一个爱炫耀的人，所以，他这次下扬州，颇有点衣锦还乡的意思。既然衣锦还乡，总得给当地一些好处才是。

一到扬州，隋炀帝马上给了扬州三个好处。

第一个好处，用来讨好当地的老百姓。大业元年（605）十月，隋炀帝刚到扬州，马上下令：“**赦江淮已南。扬州给复五年，旧总管内给复三年。**”所谓“给复”，就是免除租赋的意思。隋炀帝金口玉言，扬州城五年之内都不用上交租赋，扬州总管府辖区内的老百姓也有三年不用缴纳赋税。另外，所有江淮以南的犯人，都免除羁押之苦，释放回家。这样丰厚的恩典，当然赢得万民称颂。

第二个好处，用来讨好原来的陈朝皇室。大业二年（606）年初，隋炀帝宣布了一件大喜事，纳陈后主陈叔宝的第六个女儿陈婤为贵人。可能有人会觉得，这也不算什么呀。当年，陈朝刚刚灭亡，隋文帝就纳陈叔宝的妹妹为宣华夫人了。没错，隋文帝确实娶了宣华夫人，而且还非常宠爱她，但是，这基本上是一种个人行为，宣华夫人得宠，其他的陈朝皇室子弟照样流离失所。最简单的例子，破镜重圆故事中的乐昌公主当时不就被掠到杨素家里当小妾了吗？现在，隋炀帝纳陈婤当贵人可不一样了，他还有配套措施。

隋炀帝下诏：当年平陈时被流放到各地的陈朝皇室子弟“尽还京师，随才叙用”。陈朝的宗室子弟不用在边疆受苦了，都回到京师来吧，根据才能在隋朝继续当官。这样一来，本来已经被打翻在地，而且被踏上一只脚的陈朝旧贵族可算翻了身了。

根据学者统计，大业年间，陈朝宗室当县令的有二十一人，当郡守的有七人，在中央当到九卿级别，也就是位居三品大员的也多达五人。

隋炀帝这么做有什么意义？这是在拉拢原来南方的政治上层。陈朝虽然已经灭亡了，但是，陈朝贵族的政治影响力并没有消失。他们的政治态度，对于整个南方地区仍然有莫大的影响力。现在，隋炀帝让他们男做官，女做妃，保证了他们的利益，他们对隋朝的态度也就随之转变了，由原来的心怀不满、暗中对抗变为感恩戴德、通力合作，这正是隋炀帝想要达到的目的。

第三个好处，用来讨好佛教界。开皇十年（590），南方皆反的时候，当时还是晋王的杨广就通过拜天台宗的智者大师为师，赢得了南方人民的好感。现在，智者大师已经圆寂，但是，隋炀帝和江南佛教界的缘分可并没有断掉。

根据佛教典籍《国清百录》记载，就在大业元年（605）十一月，隋炀帝将智者大师的弟子，也是天台山僧人的智璪请进了江都宫。别看隋炀帝在外面是威风八面的皇帝，但是，面对智璪大师，他却口称弟子，毕恭毕敬。而且，对天台山寺的情况也是百般存问，关怀备至。

这番善意令天台山的僧人感动不已。正好，隋炀帝做晋王时捐资兴建的天台山新寺院落成，得起个名字。天台山的僧人就趁势启奏隋炀帝说：“昔陈世有定光禅师，德行难测，迁神已后，智者梦见其灵云：‘今欲造寺，未是其时。若三国为一家，有大力势人当为禅师起寺，寺若成国即清，必呼为国清寺。’”意思是说，在陈朝的时候，曾经有一个大和尚，很是神通，名叫定光禅师。定光禅师虽然早就圆寂了，但是他曾经托梦给智者大师，说：你别随便建寺，你是建不起来的。得到三国归为一统的时候才能建，到那时，必然有一个大有势力的人帮你建。

而且这寺一旦建成，国家就会进入河清海晏的局面，所以，到时候你们就管这座寺叫国清寺吧。

天台山僧人讲的这个故事是不是真的？很可能不是。但是，他们既然这样说，就表明他们已经完全认可了隋朝一统天下的地位，而且愿意鼎力支持，这也正是隋炀帝要达到的目的。

隋炀帝听罢这个故事，当然大喜过望，马上亲笔题写“国清寺”三个大字，赐给国清寺。如今，隋炀帝题写的这三个字已经没有了，但是，国清寺历经修缮，还屹立在天台山里，既是中国天台宗的祖庭，也是日本天台宗的祖庭。

就这样，隋炀帝用经济手段笼络了南方百姓，又用政治手段笼络了南方贵族，还用文化手段笼络了南方宗教界，一下子，南方到处都是拥护隋炀帝的声音。再加上隋炀帝几千艘船，二十万人下扬州这一壮举带来的震撼效果，大隋的形象在江南一下子就树立起来，江南的不稳定因素马上消除了不少。安抚江南成功，隋炀帝真是心花怒放。首战告捷，还得再接再厉，隋炀帝紧接着又办了一件漂亮的大事。

三、炫耀文物

大业二年（606）二月，隋炀帝下诏，让吏部尚书牛弘等议定舆服、仪卫制度。同时，任命开府仪同三司何稠为太府少卿，让他具体负责修造器物，造好之后赶紧送到江都来。

所谓舆服，就是车舆、冠服与各种仪仗。在中国古代，皇帝坐什么车、穿什么衣服、用什么仪仗，那都不是随便根据喜好来的，而是必须体现礼仪、体现文化、体现等级制度。但是，在隋朝之前，中国经历过很漫长的乱世，少数民族入主中原，原来的制度很多都丢了。现在隋炀帝下扬州，深感自己穿的衣服、坐的车子、用的仪仗都有胡人气息，不能体现礼乐文明。

要知道，南方一向以中原文化正统自居，现在，隋炀帝这么一身行头来到南方，这不是让人瞧不起吗？所以，隋炀帝才发布这么一个诏令，让牛弘和何稠商议舆服仪卫制度，并且，赶紧打造一套像样的东西，送到江都来。

牛弘是何许人？那是关陇集团中难得的读书人，当年劝文帝花钱在民间收集图书的就是他。另外，牛弘也是隋朝著名的礼学家，曾经修撰过《五礼》。隋炀帝让他主持制定舆服制度，真是知人善任。

何稠又是何许人？此人之前也提过，隋文帝临死前，搂着当时还是太子的隋炀帝的脖子跟他说，修陵墓的事务必交给何稠办。何稠是隋朝的一个著名的工程技术专家。此人祖上是西域昭武九姓之何国人，古代西域胡人素来以心灵手巧著称，何稠在这一点上深得先辈真传。

举个例子。我们看《红楼梦》，都知道“勇晴雯病补雀金裘”的故事，贾母给了宝玉一件俄罗斯过来的雀金裘，宝玉不小心烧了个洞，让谁补都补不好。最后，还是大观园里最巧的丫头晴雯带病给他补好了，但是，也只能做到大体相似，如果仔细看还是会看出破绽的。

何稠的本事可比晴雯大多了。据《隋书·何稠传》中记载，隋朝的时候，波斯曾经进献过一件金绵锦袍，织法复杂，花纹艳丽，谁也仿制不了。隋炀帝把它交给何稠，何稠做好之后呈上，炀帝拿来一看，竟然比原件还好。山寨版超越正版，这得多大的本事才能做到！更妙的是，何稠不仅心灵手巧，本人还是在江陵长大的，江陵的萧梁王朝灭亡之后才进入隋朝为官，因此也算是半个南方人，熟悉南方所保存的中原器物。让这样一个人来负责修造器物，当然更是不二人选。

那么，牛弘和何稠到底把这个任务完成得怎么样？完成得非常漂亮。

举一个例子。何稠发现，按照旧制，天子乘的五辂车都只有一个车厢。这意味着皇帝和警卫都在同一个空间里，这不是贵贱无别了吗？怎么改造呢？何稠把五辂的车厢用栏杆分成了两部分，一部分是警卫站立的地方，另一部分则架起须弥座，其实就是抬升高度，让皇帝坐在那里，这样一来，就突出了皇帝的威严。要知道，隋朝正是君主集权强化的时代，隋炀帝到江都来，也是为了宣扬皇帝的威严，何稠这么细心，隋炀帝当然满意。

就这样，在牛弘和何稠的通力合作之下，很快，皇帝和皇后的礼服、车辇，百官在各种场合穿的官服，还有三万六千人的皇帝仪仗队的行头、器物就全部做好了。而且，每一样都既符合礼制传统，又符合现实需要，还体现华丽的皇家风范，真是让隋炀帝大喜过望。既然做好了，当然得赶快亮相。每次隋炀帝出去巡游，光是仪仗队就绵延二十多里长。而且因为是新做的，所以特别光鲜亮丽，让扬州的老百姓看了个目瞪口呆。

要知道，在此之前，扬州也好，乃至整个南方也好，对北方人的印象就是一群粗鲁的草莽英雄，就算是把南方征服了，那也只是武力征服，难服人心。现在可不一样了，隋炀帝这次到南方来，炫耀的已经不再是武力，而是最能体现礼乐文明的仪卫制度，这样一来，南方人还敢再小视这个政权吗？当然不敢了。事实上，说不敢还不够，应该说，更多的是心服口服了。

四、巡游评价

细究隋炀帝到达江都之后所做的两件大事就能明白，隋炀帝巡游江都，绝不仅仅是游山玩水，而是有着宣扬国威、巩固统一、促进交流的重大意义。通过一次巡游，不显山、不露水地解决了这么多问题，既震慑了南方，又恩养了人心，这可不是一般人能做到的！事实上，隋炀帝巡游江都，和他之前营建东都、开凿大运河一样，都是找准了时代脉搏，也把握好了历史发展方向的大举措，让隋炀帝的政治眼光和政治能力表现得淋漓尽致。

但是，与此同时，隋炀帝的弱点在这次巡游过程中也展现得淋漓尽致。除了前面屡次强调的急功近利、好大喜功之外，还有一点同样非常致命，那就是讲究排场，铺张浪费。

举一个例子。隋炀帝让何稠给他制作仪仗，基本精神就是越华丽越好，领受了命令，何稠当然要竭尽所能。古代皇帝的仪仗需要大量的羽毛，何稠就以皇帝的名义传令州县，让各地都进献羽毛。这样一来，那些长着华丽羽毛的鸟可倒霉了，到处都是捕猎者，它们无处躲藏。

《资治通鉴》中记载了一个心酸的故事。乌程（今浙江湖州）有一棵大树，树高百尺，一点枝杈都没有，就在树顶上有一个仙鹤搭的巢。这只仙鹤每天飞来飞去捉虫子喂小仙鹤，被人看到了，就要拔它的羽毛来应差。可是，仙鹤躲在树上不下来，人也爬不上去，怎么办呢？有人出主意说，干脆把树锯断算了。捉鸟的人一听觉得有道理，就纷纷找锯子，要砍树。仙鹤一看，怕树倒了伤到自己的孩子，没办法，只好用嘴把自己美丽的羽毛拔下来，扔到地上。当地人一看，这可太新鲜了，赶紧上报隋炀帝说：“天子造羽仪，鸟兽自献羽毛。”让隋炀帝又狠狠地得意了一把。

这个故事是不是真的？很有可能不是。但是，它反映出的人们的不满是真的。事实上，就因为这次造仪仗，隋炀帝又动用了男丁十万多人，所花的金钱更是以巨亿计。这些花费里，固然有些是必要的，但肯定不都是必要的。更何况，自从隋炀帝上台以来，这样的大工程、大活动一件接着一件，就没有停下来过，这让老百姓怎么承受得了！中国有个成语叫“过犹不及”，凡事都有一个尺度，超过了这个尺度，好事就可能会变成坏事，雄才大略也可能会变成残暴不仁。

现在，隋炀帝的所作所为，已经超过了老百姓能够承受的尺度，那么，他会反思吗？他的下一步，又会剑指何方？

第七章 扬威塞北

隋炀帝登基以后，马不停蹄地建东都、开运河、游江都，通过这三个大动作，有力地巩固了隋朝的统治，基本解决了大隋帝国西部、东部和南部的整合问题。接着大业三年（607），有着长远政治眼光的隋炀帝又把目光移向北方，那里是一片由突厥人控制的辽阔土地。隋炀帝准备怎样加强自己在北方的影响力？他又是如何定位大隋与突厥之间的关系的？他出巡塞北又是出于怎样的政治目的？

一、出巡塞北

隋炀帝通过营建东都、开凿大运河和巡游江南，基本上把东部和南部的问题解决了，现在，该解决北部的问题了。

隋朝的北边是突厥人的天下。突厥曾经是隋朝的最大边患，但是，经过隋文帝时期的一系列战争，突厥的威胁已经得到很大程度的缓解。特别是开皇二十年（600），隋朝扶持亲隋的启民可汗当上了东突厥的大可汗，让他掌管居住在今天蒙古草原的突厥各部，双方关系更是友好。

隋炀帝即位之后，启民可汗曾经亲自入朝，表示忠诚。尽管如此，隋炀帝还是不敢掉以轻心，他还想进一步加强对突厥的控制。

隋炀帝是个精力极其充沛的人，他不喜欢待在都城发号施令，他永远喜欢用亲临现场的方式解决问题。所以，这一次，他的安排还是出巡，亲自到启民可汗的地盘走一走，让他看看，大隋帝国神威无比，天下无敌。

大业三年（607）四月，隋炀帝下诏，亲率五十万大军，十万匹战马，僧、尼、道士、女冠等宗教界人士，以及百戏班子从京师大兴城出发，巡行塞北草原。按照计划，隋炀帝的行程安排是先到榆林（今内蒙古自治区托克托旗黄河南岸），从这里出塞，深入蒙古草原，巡视启民可汗的牙帐，然后往东到涿郡，再从涿郡南下回来。

简单来讲，就是由西向东，在蒙古草原兜一个圈子。毫无疑问，这次巡行的目的就是要向启民可汗宣示国威军威，震慑草原。

可能有读者会奇怪，宣示国威军威，带军人很好理解，为什么要带宗教职业者和艺人？其实，这才正是隋炀帝心目中最想展示的国家综合形象。

在这个综合展示里，军人代表什么？代表武力，属于国家的硬实力。宗教界人士呢？代表文治，属于国家的软实力。有了这些人，才能展现出隋朝相对于北方草原的文明优越性。

可是，既然要展示文明，为什么不用儒生做代表？这其实就是入乡随俗了。儒家学说是适应农耕民族发展起来的文明体系，它所倡导的尊祖敬宗、耕读传家等学说并不适合草原生活，所以，草原民族对它很难理解，也缺乏兴趣。但是，草原民族对宗教颇为信仰，也有自己的原始宗教。所以，隋炀帝就想用佛教和道教这些发展程度比较高的宗教来和他们沟通，展示自己的文明成果。

那艺人又代表着什么呢？代表国家的繁盛。有道是艺术无国界，多姿多彩的艺术表演历来都是国家之间文化交流的重要纽带，更重要的是，隋炀帝带去的百戏里面好多都是吐火、喷水一类所谓的幻术，这些东西，正好可以突出隋朝的神秘感。

这样看来，这个代表团的人员构成绝对是隋炀帝精心思考的结果，他要通过这支队伍，来展现隋朝各个方面的成就。所以说，这次北巡也是一次炫耀之旅，当然，炫耀的目的最终还是震慑。

最高领袖出访，在任何时代都是大事。一定要做好准备工作。这准备工作包括两方面的内容。第一是要做好双方的沟通工作，包括什么时候去，什么时候回，由什么级别的人接待，商谈些什么主要事宜，等等。第二则是要搞好安保，包括走哪条路线，沿途做哪些准备等，确保领袖在整个行程中的安全。现在，隋炀帝出巡塞北，当然也要做这两方面的准备。

先看沟通问题。要知道，虽然历史上中原王朝和草原民族一直打交道，但是，中原王朝的皇帝带五十万大军巡行塞北，这可是开天辟地头一回。隋炀帝怕把启民可汗吓着，引起不必要的误会。怎么办？先派人和启民可汗沟通一下。

隋炀帝派出了隋朝著名的突厥通长孙晟。很多隋突之间的大事都是他去沟通的，当年启民可汗投靠隋朝，也是他穿针引线的结果。现在，隋炀帝仍然派长孙晟先去通报启民可汗，告诉他，隋炀帝准备北巡，这次北巡虽然要带很多军队，但是，目的绝对是和平，请他不要担心。

长孙晟奉命前往启民可汗牙帐，启民可汗也赶紧召集各个依附部落诸如奚、室韦等部族，请各个首领都到自己的牙帐里来听隋炀帝的最高指示。

所谓牙帐，是突厥可汗的大帐，但其实也就是一个大的蒙古包，直接在草地上搭建而成，大帐里面固然铺上了地毯，但是帐外的地面上都长满了青草。这在草原民族看来是司空见惯，没人觉得有什么不妥。

但长孙晟不这么认为。他左右一看，满地是杂草，心想，陛下北巡，不就是要立威吗？我何不借这些杂草来启发一下启民可汗，让他知道皇帝的威风！

长孙晟信步走出大帐，指着大帐前面的杂草对启民可汗说，这草真香啊！

启民是个老实人，一听，赶紧俯下身子去闻，闻了又闻，却怎么也闻不到香味。难道是自己的鼻子失灵了？百思不得其解，启民可汗只好困惑地问长孙晟：我怎么闻不到香味呢？

长孙晟笑说：其实我也没闻到。但是，按照规矩，天子临幸的地方，诸侯王都要亲自洒扫御道，把御道上的杂草铲除，来表达自己的恭敬之心。现在我看见你这牙帐外长了这么多草，我还以为是特意留的香草呢！启民可汗一听，恍然大悟，赶紧谢罪："奴之罪也！奴之骨肉皆天子所赐，得效筋力，岂敢有辞。特以边人不知法耳，赖将军教之；此将军之惠，奴之幸也。”这真是我的罪过！我这一身骨肉，都是天子赐给我的，天子让我出点力，拔拔草，我怎么敢推辞呢？我之所以没有提前拔草，完全是因为我是边疆百姓，不知道礼数，现在幸好将军您教我了，这是您对我的恩惠啊！

说完之后，马上拔出佩刀，亲自砍倒牙帐周围的杂草。那些附属部族的首领一看，也赶紧追随。拔光了杂草还不算，启民可汗还往前多想了一步。长孙晟说天子巡幸，诸侯都要亲自打扫道路，可我们草原上并没有固定道路，怎么办呢？那就开一条道路吧。

启民可汗决定，征集所有的部落百姓修路，从榆林的北边修起，一直修到他的牙帐，然后再从牙帐一路往东，一直修到涿郡。总之，只要是在他的地面上，修路的事他全包了。

这条路有多长？一共三千里，而且，路宽百步，也算是当时最高等级的草原高速了。因为专门为迎接隋炀帝才修的，所以就叫御道。

这就能看出长孙晟的厉害了，不仅把隋炀帝交代的事情办妥了，而且连隋炀帝最终想要达到的目的都知道得一清二楚，提前替隋炀帝打好了预防针，还外带赚了一条高规格的巡访道路，一举三得，隋炀帝满意得不得了。

再看安保问题。照理说，隋炀帝带着五十万大军，安保应该没有问题，可再多的军队也要看怎么调度。有关军队调度问题，当时就出现了两派意见。

第一派的代表人物是太府卿元寿。他说：“汉武出关，旌旗千里。今御营之外，请分为二十四军，日别遣一军发，相去三十里，旗帜相望，钲鼓相闻，首尾相属，千里不绝，此亦出师之盛者也。”当年汉武帝出塞的时候，队伍排了一千里长，如今陛下您出去，规模不能比汉武帝小。依我之见，除了您自己的御营之外，咱们把其余军队分成二十四军，每天出发一军，每一支军队相隔三十里，互相之间可以看到旗帜，可以听到角鼓。我们就这样一天一天地发兵，最后也能绵延一千里，这多威风啊！

很明显，这种意见主要目的是追求排场，可以叫花架子派。元寿这个意见一提出来，马上有人反对了，谁呢？定襄太守周法尚。他说：“不然，兵亘千里，动间山川，猝有不虞，四分五裂；腹心有事，首尾未知，道路阻长，难以相救，虽有故事，乃取败之道也。”这可不行！大军绵延千里，不就是长蛇阵吗？长蛇阵可是兵家大忌。各路军队离得太远，彼此隔山隔水，谁也照顾不到谁，万一皇帝遇难，别的军队甚至都不知道，路途遥远，援救不及时，这不是自取灭亡吗？虽然有先例，但是不可取！

隋炀帝一听也觉得有道理，就问周法尚，那你说怎么办？

周法尚说：“结为方阵，四面外拒，六宫及百官家属并在其内；若有变起，所当之面，即令抗拒，内引奇兵，出外奋击，车为壁垒，重设钩陈，此与据城，理亦何异！……臣谓此万全之策也。”我们不如把五十万大军结成方阵，让后宫和百官的家属在这个方阵的最里头，由军队环绕四周。万一有人攻打我们这个方阵，他打哪一面，哪一面就先跟他抵抗，然后再调度其他军队策应，同时把车子都集结起来，围成壁垒，守卫皇帝和内眷。这样一来，虽然我们是在草原上行军，但是，也能收到和城里一样的防守效果。要知道，我们最擅长的就是守城，而草原部落最不擅长的也正是攻城，以我之长攻彼之短，这才是万全之策啊！

隋炀帝一听，非常欣赏，决定就依周法尚之策。就这样，安全问题也解决了。

二、耀武扬威

两个关键问题都解决了，隋炀帝就一路北上了。启民可汗不敢怠慢，亲自率领自己的附属部落酋长到榆林迎接。两位君主一见面，隋炀帝就开始展示实力了。

隋炀帝到底是怎样耀武扬威的？除了前面提及的五十万大军和高规格使团之外，还有两样东西给他争足了脸，一个是大帐，一个是观风行殿。

大帐是什么？是按照突厥牙帐的样子打造的帐篷。长孙晟到启民可汗那里，不是嫌人家的牙帐寒酸吗，隋炀帝就要造一个高规格的大帐给启民可汗看看。这个任务，就交给了隋朝的工程建筑专家宇文恺。

隋朝的两个都城大兴城和洛阳城都是宇文恺设计督造的，连一座都城都能装在他心里，现在让他建一个大帐，那还不是小菜一碟！

宇文恺建造的这个大帐，最大的特色就是大。大到什么程度？一个帐篷可以容纳上万人。启民可汗不是亲自到榆林迎接隋炀帝吗？他可不是一个人去的，连他的手下，再加上附属部落的酋长，一共有三千五百人。隋炀帝大手一挥，让他们全进到帐篷里来。

这一招可把启民可汗镇住了，有生以来，哪见过这么大的帐篷！再看看，这帐篷里可不光是他们这三千多人，还有隋炀帝的仪仗队，也是好几千人。这还不算，双方分宾主坐下后，隋炀帝带来的那些艺人也都上场了，有的表演喷雾，有的表演背山，有的表演吐火，再加上乐队演奏，美女跳舞，又得好几百人，但是，这帐篷还是只显得热闹，不显得拥挤。

在这么大的帐篷里一坐，启民可汗真是自惭形秽，自己的牙帐跟隋炀帝的大帐相比，的确是小巫见大巫。其实，这正是隋炀帝要达到的效果。你有的，我也有，但是我的比你的好。

再看观风行殿。大帐确实是体积庞大，有气势。但是，这个东西还是启民可汗能够想象出来的，是他熟悉的东西。隋炀帝觉得，这还不够震慑，他想要一个突厥人完全没有的东西，而且，这个东西还要体现出华夏文明的特色。这可难不倒工程建筑专家宇文恺。他又给隋炀帝造了一个观风行殿，一下子，这两个需求都满足了。

观风行殿是什么？简单讲，就是一个高规格的活动宫殿。虽然只是用板子搭起来的，但是，也照样雕梁画栋，金碧辉煌。而且，这个宫殿的规模还足够大，大到除了隋炀帝和萧皇后外，还能容得下几百个侍卫，简直就如同真的宫殿一般。这不就是突厥人没有，又体现隋朝特色的建筑吗？

既然叫行殿，肯定要能够走才行。宫殿怎么走呢？按照《隋书·宇文恺传》的记载，这个行殿的下面装有轮轴，人能够推着走，而且走得还挺快，“推移倏忽，有若神功”。一会儿就推进很远，跟神仙在那儿助力一样。这也太神奇了。

连今天的人都觉得神奇，当时的突厥人就更觉得神奇了。要知道，普通突厥百姓本来就没见过宫殿，更没见过还能走的宫殿。所以，隋炀帝坐在观风行殿里在草原上行走的时候，沿途的突厥牧民都以为是神仙降临了，十里之外就赶紧跪下来磕头，这效果，多震撼！

隋炀帝是个好大喜功之人，这样的人表演欲望特别强烈，一看自己表演如此成功，观众如此满意，他当然飘飘然了。

就这样，到大业三年（607）八月初九，隋炀帝和萧皇后一行一路招摇，终于来到了大利城（今内蒙古自治区和林格尔西北）的可汗牙帐。在这里，隋炀帝和萧皇后就各自分工了。隋炀帝临幸启民可汗牙帐，萧皇后则临幸可贺敦义成公主的牙帐。这可是历史上中原王朝的皇帝第一次驾临草原民族可汗的牙帐，启民可汗自然激动不已。

怎么表现激动的心情？按照《资治通鉴》的记载，启民可汗“奉觞上寿，跪伏恭甚，王侯以下袒割于帐前，莫敢仰视”。启民可汗带头跪倒在隋炀帝面前，按照草原民族表示尊敬的最高规格风俗，割下身上的肉，献给隋炀帝吃。要知道，隋炀帝可是亲自参加过对突厥的战争，领教过突厥人的强大。现在，看见曾经不可一世的突厥可汗跪倒在自己面前，他真是心花怒放，即兴赋诗一首：“鹿塞鸿旗驻，龙庭翠辇回。毡帷帐望风举，穹庐向日开。呼韩顿颡至，屠耆接踵来。索辫擎膻肉，韦鞲献酒杯。如何汉天子，空上单于台。”（《云中受突厥主朝宴席赋诗》）大意是说：边塞之上旌旗飞扬，可汗的龙庭迎来了皇帝的翠辇。如今我驾临启民可汗的牙帐，可汗的百姓都把毡房的门向我打开，犹如每天他们向着太阳打开。启民可汗像汉朝的呼韩邪单于朝见汉宣帝那样，在我面前叩首了，他手下的其他首领也都像汉朝的屠耆单于一样接踵而来，在我面前跪拜。他们向我献上了羊羔，献上了美酒，面对此情此景，我终于觉得自己已经超越了汉武帝。为什么呢？因为汉武帝打匈奴，只是把匈奴打跑了，自己只能登上一座空空如也的单于台。而我现在是让和匈奴一样强大的突厥人拜倒在脚下，让他们对我心服口服，这难道不比得到一片空地更伟大吗？可以看出，这首诗写得非常得意，非常豪迈。

启民可汗表示效忠，隋炀帝当然也不能亏待他，一定要表现出宗主国的大度。隋炀帝下令，赐给启民可汗和义成公主金瓮各一口，赐给突厥人二十万匹绢帛，还在礼仪上给予启民可汗特殊优待，让他在朝拜的时候站在诸侯王之前，而且赞拜不名。

这些优待，一方面表明了隋突友好的特殊关系，另一方面也进一步强化了突厥的附属国地位。到这一步，应该说，隋炀帝北巡的目的已经达到了。

那么，隋炀帝是不是就觉得心满意足，从此高枕无忧了？这就太小看隋炀帝了。事实上，就在这次出巡期间，隋炀帝还做了两个决策，非常值得深思。

第一件，拒绝启民可汗要求改穿华夏衣冠的请求。此前写到，启民可汗主动到榆林迎接隋炀帝的北巡仪仗。一到榆林，启民可汗就给隋炀帝上了一份情真意切的奏表。奏表先追溯了当年自己落难时文帝对他的高天厚地之恩，接着又讲了隋炀帝即位以来给他的种种好处。最后说：“臣今非是旧日边地突厥可汗，臣即是至尊臣民，至尊怜臣时，乞依大国服饰法用，一同华夏。”我现在从内心来讲已经根本就不是昔日那个突厥可汗了，我就是大隋的一个臣民，我也不想穿这身突厥的袍子了，请您赐给我华夏衣冠吧，我想要从里到外都成为一个大隋臣民。

要知道，在古代，改变衣服就意味着改变民族文化。比如大家都熟知的北魏孝文帝汉化改革，就有一个改变服饰的内容。清朝入关，也曾要求全国剃发结辫。现在，启民可汗自请改穿华夏衣冠，这可是最高规格的归顺了。这不正是隋炀帝此行的目的吗？

那么，隋炀帝是否欣然同意呢？并没有。他回复道：“断发文身，咸安其性，旃裘卉服，各尚所宜。……但使好心孝顺，何必改变衣服也。”每个民族都有自己生活的环境，也有和这个环境搭配的衣服。突厥人是马背上的民族，整天骑马打猎，还是穿原来的衣服比较合适。所以，启民可汗只要内心忠顺就够了，何必非得改变衣服？非常委婉，但是非常坚决地拒绝了这一请求。

那么，隋炀帝为什么要拒绝启民可汗的易服请求？我想，除了隋炀帝自己提出的理由之外，至少还有两个层面的考虑。

第一个层面，他在考虑，如果让突厥人改变服饰，做隋朝的臣民，在当时的条件下，隋朝有没有可能直接统治突厥人？其实是不可能的。与其到时候承担失控的苦果，还不如像现在这样，让他们按照自己的风俗生活，隋朝只进行羁縻控制。这样，既不会引起整个草原的大波动，还能给隋朝防守北部边疆。

第二个层面，他也在考虑，能不能让启民可汗一个人穿华夏衣冠？那就更不可能了。因为要想维护启民可汗的地位，就必须让他和突厥百姓尽可能地保持一致。如果部落百姓发现启民可汗过于中原化了，可能就会和他离心离德。这样一来，隋朝苦心培植的亲隋势力就倒台了。如果隋朝想长久地借助启民可汗控制突厥，就决不能允许他改变服装。所以，隋炀帝强调，只要有一颗恭顺的心就可以了，何必非要表露出来呢！

从这件事可以看出，尽管隋炀帝好大喜功，但在关键问题上一点都不糊涂，拿捏分寸非常到位。

第二个决策更耐人寻味。就在隋炀帝此次北巡期间，大业三年（607）七月二十九日，隋炀帝下诏：发丁男百余万修筑榆林以东的长城。转过年来，大业四年（608）七月，他再发丁男二十万，继续修长城。

可能读者朋友会质疑，隋炀帝这次震慑草原的效果不错，启民可汗对隋朝也非常忠诚，难道隋炀帝还信不过他？为什么在如此友好的局面下，隋朝还要修长城呢？

其实，从这就可以看出隋炀帝的过人之处了。他确实希望通过威慑的方式来降服突厥，做到不战而屈人之兵，他对启民可汗的表现也确实相当满意，尽管如此，他一直没有放弃对突厥的警惕和防范。

他知道，整个隋朝的北方安全绝不能建立在哪一个人的忠诚之上，也绝不能仅仅建立在威慑之上。所谓不战而屈人之兵，必须以能打仗、能防守为基础，否则，就非常有可能在关键时刻措手不及，乃至满盘皆输。而修长城，正是在这个认识基础上的未雨绸缪之举。从这个角度讲，隋炀帝的确算是个深谋远虑的皇帝。

三、北巡评价

走笔至此，可以评价一下隋炀帝北巡了。应该怎样认识这样一次大规模的巡行？有三方面的问题值得注意。

第一，这次北巡对于隋朝巩固北部边防有非常正面的意义。就是通过这次北巡，隋朝以和平的方式展现了自己的实力，不仅进一步巩固了和突厥之间的友好关系，而且，对于东北、西北的部族也是一个强大的震慑。事实上，就在这次北巡期间，吐谷浑和高昌这两个西北政权也都派人朝贡，这对于隋朝国际地位的提升有非常正面的意义。

第二，这次北巡也典型地体现了隋炀帝解决问题的方式和风格。简而言之，他的方式是亲力亲为，他的风格是奢华豪迈。这样的方式和风格，在他建东都、开运河、游江南的时候都有体现，这一次，同样体现得淋漓尽致。

这种行为方式有着浓厚的个人英雄主义色彩，这让隋炀帝的个性和执政特色都显得非常鲜明。鲜明到什么程度？可以说，在整个中国古代史上都是不同寻常的。

这种性格自有其迷人之处，但是，也酝酿着一种很大的风险。人当英雄当久了，就会越来越觉得自己无所不能，只看到自己的力量，只相信自己的智慧，从而对别人越来越轻视。这种情绪和倾向，对于一个国家领袖而言是相当危险的。

第三，这次北巡和隋炀帝的其他活动一样，大量消耗了国力，也让老百姓背负了沉重的负担。五十万大军、十万匹战马，光粮草就不是一个小数目，更何况还有惊人的劳役。事实上，这次北巡，不仅是老百姓不满，就是在官僚集团内部，也出现了许多不同的声音。

无论如何，隋炀帝已经通过自己的努力，通过大规模的工程建设和大规模的巡游，把东、南、北三个方向的重大问题都解决了。

那么，他的下一个目标，又会指向何方？

第八章 经略西域

隋炀帝无疑是个具有雄才大略并且野心勃勃的皇帝。他的眼光不仅盯着内地，也盯着边疆，跃跃欲试地准备着开疆拓土，威加八方。出巡塞北以后，大隋王朝的东、南、北三个方向都已经稳固下来，这时候，隋炀帝又把目光转向了西方。西域，那是传统的丝绸之路延伸的方向，有着广袤的土地和擅长经商的民族。当年，汉武帝曾经把汉朝的势力发展到这片土地上。那么隋炀帝打算如何解决西域问题？

一、裴矩献策

隋炀帝当上皇帝之后，建东都、下扬州、巡塞北，把东、南、北三个方向都视察了一遍。按照这个思路，他下一步会向哪个方向出手？西方。没错，隋炀帝下一个目标就是西域。

所谓西域，有狭义和广义的区别。狭义的西域是指从甘肃玉门关、阳关往西，直到葱岭（帕米尔高原）的广大地区，基本以今天新疆维吾尔自治区为主体。而广义的西域则指凡是通过狭义西域所能到达的地区，包括中亚、西亚乃至南亚。

西汉的时候，汉武帝曾经征服西域，打通了著名的丝绸之路。但是后来汉朝衰落，接着又经历了漫长的魏晋南北朝时期，中原政权自顾不暇，当然也就没办法顾及西域了。

现在，隋朝已经统一了中原，隋炀帝更是雄才大略，自比汉武帝，一心要打造盛世，重现汉朝的辉煌。这样一来，西域进入了他的视野，成了他的新目标。只不过，在此前向东、南、北三个方向活动时，似乎只是隋炀帝一个人在唱独角戏，显得特别个人英雄主义，而这次经营西域，在很大程度上却是一个大臣协助乃至推动的结果。

这个大臣名叫裴矩。在隋炀帝时期，裴矩算是一个难得的能够在皇帝面前说得上话的人。众所周知，隋炀帝是个眼高于顶的皇帝，一般人都不入他的法眼，裴矩怎么就能让隋炀帝听他的意见呢？因为裴矩也是一个奇人。

裴矩本来是北齐人，出身于著名的河东裴氏，从小父母双亡。裴矩是个自律的孩子，每天三更灯火五更鸡，只是埋头读书。看到这种情况，他的伯父就劝他说，以你的才智，成为一个文士是不成问题的。但是，如果你想要当官，就不能光靠读书，还要关心一些现实事务。

裴矩听了伯父的点拨之后，很受启发，从此开始留心政治。有了文化底蕴，再加上对时局的敏感，裴矩的仕途非常顺利，成了一个文人型官员。文人型官员本身并不难得，难得的是，裴矩跟一般的文人型官员不一样，他身上还有一股侠气。

举一个例子。隋文帝灭了陈朝以后，命令裴矩巡行岭南。裴矩还没有动身，就赶上了南方造反，把岭南的路掐断了。这时候，连文帝都觉得，只能等事态稳定之后再打发裴矩上路。没想到，裴矩却主动表态说，发生了这种情况，正是国家用人之时，我怎么能在这个时候退缩！随即义无反顾地出发了。

他去了之后才发现，不仅江南造反，岭南也造反了，而且，叛军把岭南地区的中心——广州城都围得铁桶一般。裴矩一介书生，手里只有三千老弱残兵，怎么办呢？换作一般人，或者留在原地等待救援，或者干脆直接往回跑算了。但是，裴矩可不是一般人，面对叛军，他毫不畏惧，带着三千士兵就冲了上去。有道是“狭路相逢勇者胜”，叛军一看这支军队气势逼人，居然解围散走。裴矩趁机入城，宣扬皇威，处置地方，圆满完成了安抚岭南的任务。一个文官关键时刻能够挺身而出，敢打仗，能拼命，这不是侠气吗？

再举一个例子。隋文帝时期，东突厥都蓝可汗的可贺敦大义公主想要给娘家北周报仇，一直撺掇都蓝可汗攻打隋朝。后来，长孙晟刺探出大义公主跟可汗手下的胡人有奸，隋朝就想利用这件事，劝说都蓝可汗杀掉大义公主。派谁去呢？裴矩成了最佳人选。要知道，游说人家丈夫杀死妻子，这可是冒风险的事，但是，裴矩照样毫不畏惧，慷慨陈词，让隋朝的朝廷上下都很佩服。

通过这些事例就能看出，裴矩既有文人情怀，又有豪侠义气，是一个不甘平庸、敢于冒险、渴望建功立业的人。这样的性格，其实和隋炀帝有点相似。正因为如此，隋炀帝对他很欣赏。上台伊始，就任命裴矩为吏部侍郎，把他派到了西边的张掖（今甘肃张掖）。当时张掖是西域胡商和中原商人进行贸易的主要场所。表面上看，裴矩的任务就是监管双方之间的贸易，但实际上，也不乏让他顺便考察西域形势，以便日后经略西域的用意。

裴矩何等聪明，对隋炀帝的想法当然心知肚明，而且，这也正符合他的冒险性格和建功理想，君臣想到一块儿去了。所以，他对自己的差事非常热心。裴矩负责监管西域胡商贸易，可他不像一般官员那样，只知道收税和维稳，他还格外热心于情报工作。每次胡商到来后，裴矩都主动找这些商人聊天。聊什么？三个主题。

第一，你从哪个国家来？

第二，你们国家有什么山、什么河，你是走哪条路过来的？

第三，你们国家有多少人，都长什么样子？穿什么衣服？国王是什么人？

所谓“秀才不出门，全知天下事”。这样聊来聊去，最后，裴矩把西域各国的情况都摸清楚了，就发挥自己读书人的特长，写了一本书，取名《西域图记》，作为献礼性的成果，进献给了隋炀帝。

《西域图记》讲的是什么？这本书有两部分内容。

第一，记载他所知道的西域四十四个城邦国家的山川、地貌、特产、人口。

第二，这本书中还画了一幅详细的地图，把各国相对于隋朝的方位和远近都标了出来，还标注出从隋朝的西部边陲敦煌通往西域的三条主要道路。

第一条是北路，又叫伊吾道，从敦煌直奔伊吾（今新疆维吾尔自治区哈密），然后走天山北路，经过中亚草原，可以一直到达东罗马帝国。

第二条是中路，又叫高昌道，从敦煌奔高昌（吐鲁番），走天山南路，也就是塔里木盆地的北缘，可以一直到达波斯湾。

第三条是南路，又叫鄯善道，从敦煌到鄯善，走塔里木盆地南缘，可以一直到达南亚印度河流域。

这不就是历史上大名鼎鼎的丝绸之路吗？没错，《西域图记》讲的就是西域各国和丝绸之路的基本情况。

为什么要写这本书？裴矩考虑得非常清楚。他说："以国家威德，将士骁雄，泛濛汜而越昆仑，易如反掌。但突厥、吐浑分领羌、胡之国，为其壅遏，故朝贡不通。今并因商人密送诚款，引领翘首，愿为臣妾。若服而抚之，务存安辑，皇华遣使，弗动兵车，诸蕃既从，浑、厥可灭，混壹戎、夏，其在兹乎！"以我们国家现在的国力和军力，想要并吞西域，打通丝绸之路是没有问题的，西域各国也非常希望能够归顺我们。为什么他们还没有派遣使者朝贡呢？因为这些小国都受制于两个大的政权，一个是西突厥，一个是吐谷浑。西突厥和吐谷浑就挡在丝绸之路上，控制着这些小国，每年向他们征收重税，这些小国都苦不堪言。现在，只要陛下派遣使者，安抚这些小国，向这些国家亮明我们的态度；再解决掉西突厥和吐谷浑两大势力，拔除联通西域各国与中原的障碍，我们就可以实现对西域的控制，重新打通西行的道路，这可是恢复汉朝盛世荣光的壮举啊！

听裴矩这么一分析，隋炀帝真是心潮澎湃，心想其他大臣总劝我不要瞎折腾，现在终于找到知己了！裴矩不仅明白我的心思，还给我提供了这么详细的情报，真是难得的人才！当即赏赐裴矩五百段绢帛，把他拉到御座旁边，跟他详细了解西域的情况。

一看皇帝如此重视，裴矩也很激动，又对隋炀帝讲：“胡中多诸珍宝，吐谷浑易可并吞。”陛下，西域胡人都是商业民族，手里珍宝无数，如果能够打通西域，不仅有政治上的好处，还有经济上的好处。而吐谷浑并没有那么强大，吞并它应该易如反掌。

此前讲过，隋炀帝有两大特点，一是好大喜功，二是奢侈浮华。裴矩对他讲这两个好处，可以说是正中下怀。

这样一来，隋炀帝对裴矩更加刮目相看，很快把他提拔为黄门侍郎，进入宰相行列，同时，也把经略西域的事情交给他了。

二、双管齐下

君臣相得，裴矩要怎么办好皇帝交代的任务？他自己讲得非常清楚。要想拿下西域，打通丝绸之路，一定要解决两方面的问题。

第一，要加强隋朝和西域胡人之间的沟通，让他们了解隋朝，心甘情愿地归附隋朝。

第二，要拔掉西域各国和隋朝之间的两颗钉子，一个是西突厥，一个是吐谷浑。

对这两个问题，裴矩的做法是双管齐下。

先看加强隋朝和西域胡人之间的沟通。裴矩负责监管商旅往来，他通过商人不断向西域各国释放友好的信号，宣讲大隋的好处。大业二年（606），就在裴矩的宣传诱导之下，西域十多个国家的使节齐聚张掖，这可是隋朝外交的重大胜利。大业三年（607），隋炀帝北巡时，高昌和伊吾的使者更是进入榆林，直接觐见隋炀帝。

但是，无论是裴矩还是隋炀帝都非常清楚，只要西突厥和吐谷浑这两颗钉子不拔除，西域各国就算想投靠隋朝，也没有可能。所以，虽说是双管齐下，还得把重点放在拔除西突厥和吐谷浑这两颗钉子上。怎么拔呢？

先看西突厥。当初，突厥帝国强大的时候，其实就是东、西两部分分开发展的。东突厥主要居住在蒙古高原，而西突厥则在天山南北游牧，势力一直达到中亚地区。开皇末年，西突厥达头可汗和东突厥都蓝可汗结成联盟，一起进攻隋朝。后来，都蓝可汗被隋朝打败，达头可汗也一蹶不振，他的可汗之位被西突厥另外一个部落的首领处罗可汗取代了。此时，统治西突厥的正是这位处罗可汗。此人非常勇武，但也有很大的弱点，那就是刻薄寡恩，所以，西突厥内部并不稳定，甚至可以说是濒临众叛亲离的边缘。西突厥这种困境对于隋朝当然有利。

更妙的是，这时候，裴矩了解到一个非常重要的情报，有了这个情报，隋朝甚至连仗都不用打了。

原来，处罗可汗的母亲居然是中原人，姓向。此人本是处罗可汗父亲的小妾，后来又依据风俗，嫁给了处罗可汗的叔叔。开皇二十年（600），隋朝打突厥的时候，向夫人和她的新丈夫都投降了隋朝，此刻就住在大兴城。处罗可汗是个孝子，非常思念他的母亲。

了解到这样一层关系，裴矩太高兴了，这简直是天助我也！马上打报告给隋炀帝，请他利用向夫人招降处罗可汗。

大业四年（608），隋炀帝派了一个叫崔君肃的使者来到处罗可汗的牙帐，直接提出，要向处罗可汗宣读大隋天子的诏书，请他跪接诏书，归顺隋朝。要知道，处罗可汗是西突厥大可汗，自视甚高，现在又没有败给隋朝，哪能就这么轻易接受隋炀帝的招抚，当然不肯。

看到这种架势，崔君肃义正词严道：“突厥本一国，中分为二，每岁交兵，积数十岁而莫能相灭者，明知其势敌耳。然启民举其部落百万之众，卑躬折节，入臣天子者，其故何也？正以切恨可汗，不能独制，欲借兵于大国，共灭可汗耳。群臣咸欲从启民之请，天子既许之，师出有日矣。顾可汗母向夫人惧西国之灭，旦夕守阙，哭泣哀祈，匍匐谢罪，请发使召可汗，令入内属。天子怜之，故复遣使至此。今可汗乃倨慢如是，则向夫人为诳天子，必伏尸都市，传首虏庭。发大隋之兵，资东国之众，左提右挈，以击可汗，亡无日矣！奈何爱两拜之礼，绝慈母之命，惜一语称臣，使社稷为墟乎！”

什么意思呢？崔君肃的大意是说：西突厥和东突厥本来是一个国家，但是，交兵几十年了，谁也制服不了谁。东突厥的启民可汗拥百万之众，实力强大，他为什么非要臣服于我们大隋天子？不为别的，就为了能够向我们大隋借兵，好来消灭处罗可汗你。启民可汗是我们的友好邻邦的首领，他提出这个请求，我们满朝文武，个个摩拳擦掌，连天子也同意了。

本来皇帝就要发兵，连日子都定好了。结果，你的母亲向夫人怕你被天子剿灭，每天从早到晚守在宫门口，向皇帝苦苦求饶，一定要让我们皇帝陛下派一个使者来招降可汗，说可汗你必定会归顺大隋。

我们皇帝可怜向夫人一颗慈母之心，这才派我到这里来，给你一个机会。没想到可汗你居然如此傲慢，不想归顺，那你母亲岂不就是在说谎了吗？说谎可是欺君大罪，我们陛下一定会处死她，而且，还会派出大军，跟启民可汗一起来剿灭你！

处罗可汗，你现在已经众叛亲离，你估计自己能抵挡得了吗？如果你抵挡不了，又何必要这个面子，不肯对天子诏书行两拜之礼呢？你真忍心看着年迈老娘为你而死，国家因你而亡吗？

一席话说得危言耸听而又入情入理，让处罗可汗不得不思考。处罗可汗是个孝子，老娘在人家手里当人质，他也就要不得这个强了，一番犹豫后，终于流着眼泪倒身下拜，跪着接受了隋炀帝的诏书。这样一来，西突厥算是归附大隋，再也不敢阻挠隋朝和西域各国的交往。

就这样，隋炀帝兵不血刃地解决了西突厥问题，去除了征服西域的一大障碍。接着该轮到吐谷浑了。

吐谷浑本来是鲜卑人的一支，首领就叫吐谷浑，是鲜卑人的庶长子。后来因为兄弟不和，愤然出走，从东北一直走到了西北，建立政权，就把自己的名字上升成了族名，也是政权名，都叫吐谷浑。领土包括现在的甘肃南部、青海以及川西北地区，向西一直到达塔里木盆地的东边，在西域的势力仅次于西突厥。它和西突厥把西域各国给瓜分了，裴矩提到的那四十四个城邦国家，不是归附西突厥，就是归附吐谷浑。这当然是隋朝不能容忍的。

不过，虽然吐谷浑和西突厥一样，都是隋炀帝西进的障碍，但是，两国情况又有所不同。西突厥和隋朝的敌对关系比较直接，而吐谷浑则是在表面上和隋朝维持着友好关系，但在暗中却又常常给隋朝使绊子，算是个两面派。

当时，吐谷浑的可汗娶了隋朝的宗室女儿光化公主做可贺敦，可汗的儿子也被派到了隋朝当人质，看起来对隋朝非常恭顺。但实际上，吐谷浑却经常利用这种便利条件从隋朝那里打探情报，卖给西突厥，自己从中渔利。这不是两面三刀吗？隋炀帝因此非常恼火。这样的敌人其实更狡猾，怎么对付呢？

正好在这时候，一个叫铁勒的部落向隋朝发出了友好的信号，一下子让隋炀帝找到了收服吐谷浑的办法。

铁勒也是个草原民族，本来臣服于突厥，后来因为不堪突厥的压迫，在隋文帝开皇年间闹起了独立，和隋朝一起搞垮了突厥帝国。此后就主要在新疆东部游牧。大业三年（607），铁勒一度骚扰过隋朝的边境要塞敦煌。但是，骚扰之后，铁勒很快后悔了。

为什么后悔？因为从地理位置看，铁勒夹在东、西突厥之间，生存环境比较险恶，如果再和隋朝把关系搞砸，就会更加左支右绌。现在一时糊涂得罪隋朝，铁勒的可汗也很紧张，赶紧派使者到隋朝请罪。

看到铁勒请罪，隋炀帝计上心头。正好利用铁勒的可汗急于取得隋朝谅解的心理，让他帮忙从西边攻打吐谷浑！

怎样才能说动铁勒？这又是裴矩的拿手好戏。到了铁勒之后，裴矩凭借三寸不烂之舌游说道：因为可汗攻打敦煌，我们天子非常生气。大隋的军威你也知道，要消灭你绝非什么难事。但是，天子念你有悔改之意，还是愿意给你一次机会。现在吐谷浑得罪了天子，只要你能向东攻打吐谷浑，之前的罪过我们大隋就不追究了。

一席话把铁勒可汗说得连连点头，唯恐抓不住这个戴罪立功的机会，马上同意出兵。

就这样，大业四年（608），铁勒从且末（今新疆维吾尔自治区且末）攻入了柴达木盆地，吐谷浑措手不及，支撑不住，赶紧向东逃，逃到了西平（今青海西宁），这已经是吐谷浑领地的边缘了。还往哪里逃？吐谷浑可汗走投无路，只好向表面友好的隋朝求援，请求隋朝接应。

这正中隋炀帝下怀，他马上答应了。随即派出心腹重臣宇文述率领大军前去接应。宇文述率领大军，浩浩荡荡来到了隋吐边界。

吐谷浑可汗一看宇文述带着这么多人马，杀气腾腾直向自己扑来，终于恍然大悟，这哪里是来接应，分明是想和铁勒两面夹击，要我的命啊！怎么办？再往东走就是自投罗网，只好掉头又往西跑。

宇文述哪能容许他跑掉，率领大军穷追不舍，短兵相接，斩首三千多人，俘虏四千多人。其中，单是王公级别的高级贵族就抓了两百多人。只剩下吐谷浑可汗率领一些残兵败将往南逃走了。

可汗一逃走，原来吐谷浑掌握的大片领土就空下来了。按照《资治通鉴》的记载：“**东西四千里，南北二千里，皆为隋有，置州、县、镇、戍，天下轻罪徙居之。**”吐谷浑空出来的土地东西向有四千里宽，南北向有两千里宽，这个地方现在没有人了，隋朝的势力得以迅速填充进来。

这样一来，吐谷浑问题也算基本解决。

到此为止，因为有裴矩出色的协助，征服西域的两大前期准备工作：加强与西域胡人的沟通和拔除钉子，都已经初见成效。

那么，接下来，在西域这片广阔的舞台上，隋炀帝又会展现出怎样的姿态呢？

第九章 炀帝西巡

在中国古代的皇帝中，隋炀帝走得最远，走的路最多。他在位十四年，真正住在大兴城的时间不足两年，住在东都洛阳的时间也不到四年，其他时间都是在巡游中度过。他曾西巡青海和河西走廊，足迹踏过大西北的山山水水。特别是在大业五年（609）翻越海拔四千米以上的祁连山脉时，由于自然条件恶劣，风餐露宿，随行的许多士兵冻饿而死，隋炀帝本人也吃尽苦头。为什么隋炀帝不好好待在京城，而冒着生命危险西巡？隋炀帝西行的真正目的是什么？

一、天子西巡

隋炀帝通过种种手段，收服了西突厥，打败了吐谷浑，为打通西域扫清了障碍。接下来，他还要怎么做才能恢复汉朝在西域的声威？隋炀帝还是用老办法，亲自走一趟。

大业五年（609）三月，隋炀帝向大臣抛出了一个问题："自古天子有巡狩之礼。而江东诸帝多傅脂粉，坐深宫，不与百姓相见，此何理也？"大意是说，自古皇帝就应该到处去巡游，但是我看南朝那些皇帝都整天涂脂抹粉，坐在深宫里头，也不跟百姓见面，这是什么道理呢？

大臣回答："此其所以不能长世。"这就是他们不能享国长久的原因所在啊。

隋炀帝一听，大为高兴，马上宣布，要巡行西部边塞。随后不久就率领后宫眷属、文武百官、和尚道士、百戏艺人，当然还有十几万护卫大军，浩浩荡荡地出发了。

这已经不是隋炀帝第一次大规模出行了。那么，这次西巡和以往的历次出巡相比，有什么特色？一言以蔽之，这次出巡是隋炀帝所有巡游活动中最艰苦的一次，充满了血雨腥风、艰难险阻。

看路线就知道，隋炀帝此次西巡，是要从大兴城一路向西，先进入吐谷浑残余势力盘踞的地方，也就是现在的青海，然后再向北进入河西走廊，也就是今天的甘肃。这就让他面临两大困难。

第一，军事的困难。吐谷浑虽然被隋军打败了，但是，它并没有被打垮，它的王还在，残余势力还相当强大，隋炀帝要想通过乃至占据传统上属于他们的地盘，势必要面临激烈的军事冲突。

第二，自然环境的困难。即便是吐谷浑的问题解决了，要想从青海进入河西走廊，也相当不容易。因为两地中间隔着高耸入云、终年积雪的祁连山。只有几条山谷在夏天积雪融化的时候可以穿越，但也都是道路艰险、风雪难测，自然环境相当恶劣。可想而知，无论是哪个困难，对一个皇帝而言都具有相当的风险。

那么，隋炀帝是怎样面对这两个困难的？

先看第一个困难。对吐谷浑残部，隋炀帝的做法是大张声势、主动出击。大业五年（609）五月初九，隋炀帝一行来到了拔延山（今青海化隆马场山），在这里围猎，也就是组织军事演习。这次军事演习的规模相当大，围起来的猎场周长达到两百多里，投入的兵力有十几万。真是旌旗遍地，杀声震天。

隋炀帝为什么要这样做？很简单，这是制造声势，震慑敌人。不过，心理战虽然能起一定的作用，但是，敌人不可能真的被吓死。所以，制造声势之后，还得真刀真枪地打。

怎么打？主动打。就在五月二十日，隋炀帝大宴群臣，部署十几万大军对吐谷浑进行围剿。这次围剿的过程极其复杂，难以细说。但无论如何，结果还是一目了然。经过这次围剿，吐谷浑部落十万多人投降隋朝，剩下的残余势力四散逃亡，短期内无法对隋朝形成威胁了。

这样一来，原本属于吐谷浑领地的整个青海地区乃至新疆地区东部都空了出来，成了隋炀帝的囊中之物。与此同时，隋朝也付出了不小的代价，左屯卫大将军张定和以及大将军梁默都死于乱箭之下。两位三品大员陨落，可想而知，这次军事行动还是相当凶险的，但是，无论如何，隋炀帝打赢了。

再看第二个困难。打击吐谷浑、占据青海可不是隋炀帝此次西巡的全部目的。隋炀帝还有一个重要的目的，那就是把这块新征服的土地跟河西走廊连接起来，打通丝绸之路。怎样把青海跟河西走廊连在一起？隋炀帝要用自己的脚走出一条路来。

前面讲过，隋炀帝的路线安排是从青海北上河西走廊，这就必须从南向北，穿越高耸入云的祁连山，这条山脉可没有现成的康庄大道，只有几条山谷可以通过。因为地形非常艰险，自古以来，只有商人、牧羊人从这里穿行，从来没有大队人马走过，更不用说是一国之君了。

然而，隋炀帝可不是那种只走寻常路的皇帝。为了实现心中的目标，他不怕任何艰难险阻。所以，面对这样的挑战，隋炀帝只有一个字，走！

从哪里走？隋炀帝一行选择了大斗拔谷，也就是今甘肃、青海两省交界处的扁都口。这条山谷南北长八十里，路况复杂，窄的地方只能容许一个人通过，所以，为安全起见，一般要求必须白天通行。

隋炀帝能不能做到一个白天通过大斗拔谷呢？隋炀帝精力过人，体力过人，如果只是他本人连同少量卫士，应该能够做到。然而要命的是，他不是一个人走，而是率领十几万大军以及不少后宫女眷一起走，这就制造了不少人为的麻烦。这么多人排成一字长蛇阵，出发迟缓，而且步调不一致，当然会影响过山的速度。结果，一直走到夜幕降临也没能走出山谷，只好在山里过夜。

祁连山的天气变幻莫测，白天还是好端端的晴天，到了夜里，居然刮起寒风，下起小雨来了。隋炀帝一行带的帐篷不够，好多士兵乃至官员都只能露宿山中。这些人的衣服都湿透了，再加上凄风苦雨，真是冷透骨髓，好多人甚至在山上活活冻死。好不容易到了山下的张掖郡，检点一下人数，才发现“士卒冻死者太半”。士卒有一半以上都冻死了。这个“太半”的说法固然夸张，但毫无疑问，减员肯定是不少的。

光冻死士兵还不算，连隋炀帝的同胞姐姐乐平公主也未能幸免。这位公主时年四十九岁，按照当时人的预期寿命，已经算是步入老年了，再吃这么一番苦头，身体怎么受得了！连冻带饿，再加上疲劳，勉强支撑着走过了祁连山，可是一到山下的张掖，马上一病不起，溘然长逝了。虽然贵为公主，但还是为隋炀帝的宏图伟略赔上了性命。

为什么要特别提到这位公主？因为她除了是隋炀帝的姐姐之外，还有另一重身份，那就是北周天元皇帝周宣帝的皇后，末代皇帝周静帝的嫡母，隋文帝就是从她手里得到的江山。

当年，周宣帝就喜欢巡游，还强迫以杨皇后为首的五位皇后同行，谁慢了就会遭到鞭打。没想到，杨皇后杨丽华没有死在暴虐的丈夫手里，却死在了弟弟的巡行路上，真是令人感慨。

那么，隋炀帝如此艰苦的行军和穿越有什么意义？这个意义至为深远。

第一个意义，扩大领土。就在这次重创吐谷浑之后，隋炀帝在原来吐谷浑的地盘上设立了四个郡，把整个青海和新疆的东部都纳入了大隋的版图。

第一，河源郡，位置在今天青海共和县西。

第二，西海郡，位置在今天的青海湖以西。

第三，鄯善郡，位置在今天新疆维吾尔自治区的若羌。

第四，且末郡，位置在今天新疆维吾尔自治区且末的西南。

设置四郡之后，隋炀帝下令，大赦天下，把相当数量的罪犯都变为戍卒，让他们到边疆来屯垦戍边，充实边防，将功抵罪。这四个郡的设立，意味着中国历史上第一次把青海全境纳入版图。隋炀帝不是一心想超过汉武帝吗？在疆域问题上，他已经做到了。

第二个意义，开通道路。这条道路，就是从青海进入新疆鄯善、且末的新丝绸之路。这条道路蜿蜒在河西走廊的南边，和原来的丝绸之路互为表里，并行不悖，这条道路开通之后，中原地区和西域的往来就更加畅通了。

二、万方来朝

不过，光是设置四郡、开通道路还不够。隋炀帝西巡的终极目的在于沟通西域各国，让他们在政治上都臣服于大隋。这个目的怎么达到？裴矩会帮他实现。

隋炀帝西巡，有大批官员随行。但是，在这些随行的官员里，独独少了一直帮助隋炀帝经略西域的裴矩。裴矩到哪儿去了？他在张掖替隋炀帝打前站。隋炀帝从祁连山出来，第一站就到河西走廊的张掖郡，裴矩就在那儿等他。不过，裴矩可不是干等。在等待期间，他帮隋炀帝张罗了两件大事。

第一是张罗行头。隋炀帝还没到张掖，裴矩就把大帐篷、观风行殿、表演文艺节目的服装道具等能够展现隋朝强大的东西都给他准备好了，随时准备听候隋炀帝调遣。

第二是张罗观众。隋炀帝这么铆足了劲儿西巡，是要做给谁看？做给西域各国的使者看。几年来，裴矩不是一直受隋炀帝委派，在张掖替他沟通西域各国吗？现在，展示他外交成果的时刻到了。

大业五年（609）六月十七日，隋炀帝一行十几万人来到了张掖北面的燕支山下，裴矩早就率领各国使节在那里恭候着了。一共有多少国家的代表呢？按照史书记载，有高昌王麴伯雅、伊吾吐屯设等二十七个国家的首脑或者使者。这么多国家的首脑、使者济济一堂，简直就相当于今天的亚欧博览会。

光是人多还不够，裴矩把场面也搞得热闹非凡。他让各国使者都整整齐齐地排在隋炀帝经过的道路左边，穿上华丽的民族服装，佩戴上金玉首饰，焚香奏乐，载歌载舞地迎接隋炀帝。隋炀帝一出场，十里长街，马上一片欢腾。这就叫万方来朝，也算是中国古代皇帝的最高追求了，隋炀帝能不高兴吗？

裴矩把前期工作都做到了极致，隋炀帝接下来的事情就好办了。他又和大业三年（607）巡行塞北一样，搭好观风行殿，在里面大摆酒宴，款待各国使者，给他们表演鱼龙百戏，让这些西域小国的使者看得瞠目结舌，啧啧称奇。眼看表演效果好，隋炀帝更来劲了，索性下令，让武威、张掖两个郡的男男女女都穿上最好的衣服，停下手头的工作，一起来参加这个嘉年华。谁要是穿得不够体面，或者是参加活动不积极，就治郡县长官的罪。

跟仕途前程一挂钩，各级长官当然不能含糊，个个竭尽所能，把老百姓全都鼓捣过来了，所以，一时之间，燕支山下“骑乘嗔咽，周亘数十里”。骑马的、乘车的，一下就把道路都堵满了，周围好几十里全是人。

要知道，张掖无论如何也是国家的边陲，属于地广人稀的地方，现在居然交通拥堵，堪比首都，真是千年不遇的奇观。隋炀帝要这些百姓来干什么？充当群众演员。让那些西域小国的使者看看，我大隋强盛富庶，不仅仅皇帝强、军队强，连百姓也都这么强、这么富，你们还有什么理由不服气，还有什么理由不朝贡，还有什么理由不通商呢？

就这样，隋炀帝从大业五年（609）六月到达张掖，一直到九月回京，在西域待了两个多月，这国富民强的表演也就一直持续了两个多月。

经过这么一番表演，隋炀帝的目的达到没有？当然达到了。一个最明显的表现就是，伊吾吐屯设当即奉献西域数千里之地，这是政治臣服的最高表现。

这两个多月的时间，隋炀帝最远到了哪里？按照《隋书·西域传》的记载，最远到了玉门关，也就是今天甘肃敦煌西北一百八十里的地方。唐朝诗人王之涣《凉州词》写道："黄河远上白云间，一片孤城万仞山。羌笛何须怨杨柳，春风不度玉门关。"悠悠古城，莽莽黄沙，连春风都很难吹过，但是，作为万乘之君的隋炀帝用脚步走过去了，这个西行纪录，一直到清朝末年，再也没有第二个皇帝打破过。

三、东都炫富

到此为止，隋炀帝西巡是不是就算结束了？并没有。好戏还在后头。九月初隋炀帝启程回朝，并不是原班人马返回，而是带了不少新人一起回去。这旅行团的新成员，就是西域各国的首脑、使者，还有大批的胡商。隋炀帝已经在河西走廊向他们展示过实力了，但是，那还只是边陲，噱头有限。他还要让西域各国人看看，大隋的首都是什么样子的，让他们进一步心服口服。

自从隋炀帝修建东都洛阳后，隋朝就有两个首都了，在两个首都之中，大兴城规模更大，但是，洛阳城沟通东西南北，更加繁华，商业氛围更浓。让西域胡人看哪个首都？裴矩向隋炀帝建议，两个都看，但是，重点看东都洛阳。隋炀帝觉得，这个主意好。九月，先率领各国使节回到了西京大兴城，稍稍休整了两个月，到十一月，又把这些使节和商人带到了东都洛阳，就在洛阳过年了。

既然是皇帝要炫富，这个年过得可就热闹了。隋炀帝早早就把天下的艺人都召集到东都洛阳来了，征集了多少呢？按照史书记载是“以十万数”。这么多艺人怎么表演？大业六年（610）正月十五元宵节，隋炀帝在洛阳城端门外搞了一个大型文艺汇演。

所谓大型，重点在一个“大”字。表演场地周长五千步，光是演奏乐器的就有一万八千人。丝竹动地、锣鼓喧天，方圆几十里都听得清清楚楚。

要知道，隋唐时期，平时夜里都要宵禁，实行灯火管制。但是，元宵节这天不宵禁，到处张灯结彩，花团锦簇。文艺演出也是通宵达旦，异彩纷呈。这已经够热闹了吧？隋炀帝觉得还不够。

所谓热闹，最主要的表现应该是人气足。隋炀帝下令，在洛阳城主要街道两旁都搭建棚阁，也就是看台，组织各级政府官员和老百姓前去观看，而且，着装要求和在张掖的时候一样，务必穿上最好的衣服。彼时正当过年，老百姓都穿上刚做的新衣服，所以，个个“被服鲜丽”，和台上的演员交相辉映，真是琉璃世界，锦绣乾坤。这番景象把西域胡人看得目瞪口呆，对隋朝佩服得五体投地。

按说，这样高规格的演出，演一场已经相当费钱费事了，可是，隋炀帝下令，从元宵节开始，连演十五场，一直演到正月末！这么一来，花费的钱财自然就是以巨亿计，成了天文数字。

西域各国都是商业立国，一看东都洛阳如此繁华富丽，马上就动了经商的本能，纷纷向隋炀帝提出申请，要到市场去看看。这个要求隋炀帝自然满足。不过，他可不能打无准备之仗，马上，市场又成了隋炀帝炫耀国力的新舞台了。隋炀帝给市场下了三条命令。

第一，整齐。

第二，丰富。

第三，不要钱。

怎么叫整齐？隋炀帝先让人把东都的市场都整修了一遍。正值冬天，市场上的树都光秃秃的，不好看。怎么办呢？这难不倒隋炀帝。只要每条街道旁的行道树都缠上绢帛，不就繁花似锦了吗？仅仅做这样的装饰还不够，各个店铺的新旧程度，外立面装修风格都不统一，也让隋炀帝不放心。为此，隋炀帝下令，每个店铺都重新装修，务必做到整齐划一。外观要求这么高，店铺里面当然更不能寒酸。隋炀帝要求，小贩无论卖菜卖肉，都必须铺上上好的龙须草编的席子，这才叫表里如一。

怎么叫丰富？隋炀帝规定，所有店铺必须把最好的货品摆上来，而且昼夜开业，不得休息。所谓丰亨豫大，在隋炀帝这里一定能落到实处。

怎么叫不要钱？隋炀帝规定，凡是胡人客商经过，饭馆务必主动邀请客人进去吃饭，而且一定要拿出最好的食材和手艺来，务必令客人酒足饭饱。这也罢了，一旦客人吃好之后，准备埋单，一定要坚决拒绝，而且，连拒绝的标准用语都规定清楚了，要说：“中国丰饶，酒食例不取直。”中国地大物博，吃饭从来不要钱。这些商人哪见过这样的好事，都是啧啧称奇，盛赞隋朝是神仙国度。

不过，是不是所有西域使者都被隋炀帝蒙住了？也没有，有些使者观察力强，没过几天，就发现了问题。隋炀帝请他们参观的恐怕都是样品街，在这些繁华富庶的街道背后，也有衣不蔽体的穷人。这样一来，当饭馆老板再跟他们说“中国丰饶”的时候，有个胡商就说话了。他说：隋朝确实富强，连树上都缠上绢帛。可是，我们过来的时候，偶尔也会看见穷人，那些人衣衫褴褛，在寒风中瑟瑟发抖，真是可怜。既然如此，为什么不把绢帛拿给他们做衣服，非要缠在树上呢？小贩一听非常惭愧，又没有事先准备好标准答案，脸都红了，结结巴巴，什么也说不出来。

小贩们惭愧不重要，重要的是，隋炀帝觉得心里舒坦了。在他看来，炫耀国力，这都是打通西域必须付出的代价，在这个时候，花点钱，费点力，铺张浪费一点，又算得了什么呢？

四、评价

至此，读者朋友们对炀帝西巡的前前后后都有了一些了解。那么，到底应该怎样评价隋炀帝的西巡？

其实，这次西巡，和隋炀帝此前的几次大规模巡行一样，都是利弊参半。利在哪里？除了把今青海全境以及新疆东部地区纳入隋朝版图，并且打通丝绸之路外，还极大地提高了隋朝在西域的声威。

事实上，就在这次炀帝西巡之后，西突厥处罗可汗的势力在隋朝的打击下进一步衰落，最后干脆离开故地，投靠了隋朝，成了隋炀帝麾下的一名侍卫武官。这是巨大的外交胜利。

但是，与此同时，西巡西域也让隋朝付出了巨大的代价。这代价就是困弊。无论是炀帝率领十几万大军西巡本身，还是西巡之后夸张性的炫富，都消耗了大量人力、物力。这还不算，更大的消耗是自此以后的常规性消耗。炀帝西巡之后，西域胡商经常往来于丝绸之路上，所过州县，都按照隋炀帝的要求高规格接待，搞得人困马乏。这样一来，丝绸之路畅通的好处也就被抵消了，甚至得不偿失，按照《资治通鉴》的说法，就是“由是百姓失业，西方先困矣”。从此以后，百姓就开始流离失所了，天下也从西边先行穷困下来。

要知道，无论是开拓领土，还是打通道路，目的都应该是为人服务，一旦这些成果不能服务于百姓，甚至成为百姓的负担，那么，这些成果也就很难守住了。而隋朝的西域形势，正是如此。

随着四个方向功业的建立，隋炀帝的统治达到了巅峰状态。就在隋炀帝在西域建立四郡之后，《资治通鉴》里交代了这么一句话："是时天下凡有郡一百九十，县一千二百五十五，户八百九十万有奇。东西九千三百里，南北万四千八百一十五里。隋氏之盛，极于此矣。"这时，隋朝无论是人口、行政区划还是领土都达到了鼎盛状态。这样的极盛，当然首先是隋炀帝东奔西走的功劳。

但是，所有这些大事，都是在非常短的时间里快速完成的，原本就带有强烈的急功近利色彩。再加上隋炀帝奢侈挥霍的心性，更是造成了巨大的铺张浪费。急功近利再加上铺张浪费，可想而知，带给老百姓的负担该有多么沉重。

或许我们可以这样认为，规划政治蓝图是隋炀帝的长项，而安养百姓则是他的弱项。当然，人无完人，皇帝不可能是全方位的专家。他自己不擅长的事情，其实可以通过合理的用人政策加以修正。

那么，隋炀帝在用人方面的表现又如何呢？

第十章 杨素之死

杨素是隋炀帝一朝最大的功臣，隋炀帝给了他高官厚禄。他也是隋炀帝最为猜忌的大臣，隋炀帝让他胆战心惊。一赏一防之间，杨素尝尽了伴君如伴虎的辛酸。面对猜忌成性的隋炀帝，老谋深算的杨素会面临怎样的结局？他们之间到底发生了什么？

一、猜忌杨素

研究中国古代历史会发现，有些时代，是皇帝大放异彩，而大臣默默无闻，比如秦始皇时代；有些时代，是皇帝和大臣交相辉映，比如唐朝时期的唐太宗和魏徵；还有些时代，是大臣彪炳史册，而皇帝作用不突出，比如明朝的张居正时代。

隋炀帝时期属于第一种情况，皇帝大放异彩，大臣默默无闻。隋炀帝东奔西走，除了在西巡问题上裴矩发挥了一些作用之外，其余功业中，很少有其他大臣的影子。隋炀帝时期的大臣为什么显得默默无闻？很简单，因为隋炀帝非常猜忌，不愿意让他们发挥更大的作用。这些从杨素之死这个问题上能看得清清楚楚。

杨素是何许人？他是对隋炀帝上台帮助最大的功臣。毫不夸张地讲，没有他，就根本没有隋炀帝。他对隋炀帝有三大功劳。

第一，帮助他当上太子。当年，杨广还是晋王的时候，在宫里巴结母后独孤皇后，在朝中巴结宰相杨素，这两个人利用自己巨大的影响力，里应外合，这才促使隋文帝改变心意，推倒了法定太子杨勇，改立了杨广当太子。在这个过程中，杨素居功至伟，所以说，没有杨素的大力襄赞，杨广根本当不上太子。

第二，帮助他当上皇帝。隋文帝病重之际，杨广一直和杨素互通声气，跟他商量接班事宜。还因此发生了所谓密信误传事件，信差误把杨素写给杨广的回信交给了病榻上的隋文帝，隋文帝一怒之下，想召回废太子杨勇，重新洗牌。这时候，又是杨素帮助太子杨广控制住隋文帝，同时派杨素的弟弟杨约勒死废太子杨勇，斩草除根，永绝后患，这才保证了杨广顺利登基。所以说，没有杨素帮忙，杨广也很难当上皇帝。

第三，帮助他坐稳皇位。因为隋文帝临死之前这么一番波折，所以，当时朝野上下都议论纷纷，怀疑杨广当皇帝的合法性，杨家老五——汉王杨谅甚至起兵造反，直接向隋炀帝发出挑战。汉王杨谅兵强马壮，而隋炀帝准备不足，一时之间，形势相当危急。在这种情况下，又是老将杨素领兵出征，一举消灭杨谅的势力，这才让杨广坐稳了皇位。

把这三大功劳加起来，杨素对杨广都做了什么事情？典型的扶上马，又送一程，算得上是劳苦功高，恩重如山。

杨素对隋炀帝恩重如山，反过来说，隋炀帝对杨素也不错，让他做高官、领厚赏，还予以隆重表彰。

杨素做了什么高官？尚书令，也就是尚书省的正长官。尚书令是宰相，但是又不同于一般宰相。

不同在哪里呢？要知道，隋朝的宰相是由三省长官构成的，尚书令、内史令和门下侍中都是宰相，但是，独独尚书令比其他两省长官的级别都高。其他两省长官是三品官，而尚书令是二品官，这也是隋唐时期职事官系统中的最高官职，绝对是位极人臣。

正因为位高权重，所以，从魏晋南北朝后期开始，尚书令的职位就不再轻易授予大臣，隋、唐两朝三百多年的时间里，只有杨素、李世民、郭子仪三个人曾经当过尚书令。这三个人中，李世民南征北战，打下了唐朝大半个江山，而郭子仪则是收复两京，再造唐朝，都是重量级的人物。杨素能够和他们比肩，算是相当高的荣誉了。

怎么叫领厚赏？举几个例子。平定杨谅叛乱之后，隋炀帝赏赐杨素布匹五万段，高级丝绸一千匹，女伎二十人。大业元年（605），杨素官拜尚书令之后，又赐给他东都洛阳“甲第一区”，也就是高级住宅一套，另外，还赏赐布匹两千段。而且，按照史书记载，这样的封赏可不是一次两次，而是不可胜数，待遇相当优渥。

怎么叫隆重表彰？杨素平定杨谅叛乱之后，隋炀帝给他写了一封亲笔信。信上说：“公乃建累世之元勋，执一心之确志。古人有言曰：疾风知劲草，世乱有诚臣。公得之矣。乃铭之常鼎，岂止书勋竹帛哉！功绩克谐，哽叹无已。稍冷，公如宜。

军旅务殷，殊当劳虑，故遣公弟，指宣往怀。”杨公您最优秀的地方，不仅仅是建立了不世之功，还因为您有一颗忠贞不二的心。古人说“**疾风知劲草，世乱有诚臣**”，在我心里您就是劲草，您就是忠臣。我一定要把您的名字镌刻在鼎上，让您的名字流芳百世。现在天越来越冷了，您在外面作战一定要注意身体。我没有办法亲口向您表达谢意，就派您的弟弟到您身边去转达我的意思吧。

一封信，不仅有崇高的评价，还有亲切的关怀，皇帝能做到这个程度，作为臣子，也就应该知足了。

如果只看这些，那就得承认，隋炀帝和杨素是君臣关系的典范了。杨素对隋炀帝劳苦功高，隋炀帝对杨素也仁至义尽。是不是呢？完全不是，这只是表面现象。真实情况是，隋炀帝对杨素充满了戒备和猜忌。

为什么这么讲？从两件事能看得非常清楚。

第一件事。隋炀帝让杨素当尚书令，本来应该是百僚之首，位高权重，但是，杨素当了尚书令之后，反而闲下来了。大业元年（605）隋炀帝办的几件大事里，几乎看不到杨素的痕迹。这说明杨素虽然位极人臣，但事实上已经被隋炀帝挂起来了。

从第二件事就看得更清楚了。大业二年（606），有太史上奏说：“**隋分野有大丧。**”

所谓分野，实际上是中国古代占星术的一个说法。古代人把黄道分成十二个部分，分别叫作星纪、玄枵等十二星次，类似于巴比伦的黄道十二宫，或者现在所说的十二星座。这在天文学上叫分星。然后，再把这些星次和地面上州、国的位置对应起来，就叫作分野。

古人认为，占星专家可以通过观看天象，来占卜它所对应地面上的吉凶祸福。观测天象是太史的责任，这时候，太史声称，根据他对天象的观测结果，隋这个分野有大丧，这意味着会有一个重要人物死去。

太史把这个“科研成果”汇报给了隋炀帝，隋炀帝怎么反应？隋炀帝做了一件有趣的事情，一下子暴露了他的心迹。他立刻把杨素封为楚国公，食邑实封二千五百户。表面上看，这是进一步抬高杨素的地位，实际上，他这也是在搞厌胜，拿杨素挡灾。因为古代人认为，隋和楚在同一个分野。按照隋炀帝的逻辑，既然这个分野上会死一个重要人物，那就让杨素去应这个天象吧。这不是巴不得让杨素去死吗？

隋炀帝为什么这么巴望杨素死？很简单，杨素功劳太大了，正所谓功高震主。而且，他的官职、封爵都已经达到极限，让皇帝无以为报了。一个大臣，如果让皇帝产生无以为报的惶恐之感，那么，皇帝巴不得他死就是必然的了。

隋炀帝猜忌杨素，杨素知不知道？作为隋朝数一数二的聪明人，他怎么可能不明白？看明白皇帝的用心之后，杨素出了一个怪招。他一改不拘小节的洒脱风范，拼命求田问舍，积累财富，表现出一副贪婪的模样。按照《隋书·杨素传》的记载："素贪冒财货，营求产业。东、西二京，居宅侈丽，朝毁夕复，营缮无已。爰及诸方都会处，邸店、水硙并利田宅以千百数，时议以此鄙之。"杨素在东、西两京大张旗鼓地买房子，装修房子，早晨装，晚上拆，故意搞得尽人皆知。另外，在地方也大肆买进土地以及旅馆、水磨等经营项目，拼命赚钱。他这么一搞，朝野上下自然议论纷纷，都很鄙视他，杨素的声望一下子大幅下降。杨素为什么要这么干？这其实叫韬光养晦，古人又称之为"自污"，就是以各种方式来证明，我这个人很没有理想，就认得钱；我也没什么威望，全国舆论都鄙视我。

要知道，虽然理想和威望是褒义词，贪婪和鄙视是贬义词，但是，比起一个有理想也有人缘的大臣，皇帝倒宁愿喜欢贪婪和受人鄙视的大臣，因为前者对他构成威胁，后者则构不成威胁。这其实也是汉朝建立之后，功臣萧何求田问舍的故技重演。

那么，杨素这样自我败坏、韬光养晦有没有用？并没什么用处。杨素聪明，隋炀帝也不傻呀！杨素越这样，隋炀帝就越不放心。而他越不放心，杨素也就越紧张。最后会怎么样呢？

二、杨素之死

杨素在大业二年（606）七月二十三日死去了，享年六十二岁。怎么死的？史书有不同的记载。

第一种记载说，杨素是被隋炀帝毒死的。《大业杂记》中记载："初，太子之遘疾也，时与杨素同在侍宴，帝既深忌于素，并起二卮同至，传酒者不悟是药酒，错进太子，既饮，三日而毒发，下血二斗余。宫人闻素平常，始知毒酒误饮太子，秘不敢言。太子知之，叹曰：'岂意代杨素死乎？命也！'数日而薨。后素亦竟以毒毙。"大意是说，有一天，杨素和隋炀帝的太子杨昭一起侍宴，隋炀帝就想趁机毒死杨素。于是他让人调制了一杯毒酒，命宫女传给杨素。可是，宫女并不知道这是毒酒，误传给了太子。结果，三天之后，太子中毒发病了，吐了两斗血，杨素倒是什么事都没有。这时候，宫女才知道，自己把酒传错了。太子听说这件事后，长叹一声说：没想到我倒替杨素死了，真是命啊！隋炀帝一看，自己没毒死杨素，倒先把太子毒死了，恼羞成怒，只好再接再厉，二次投毒，终究还是把杨素毒死了。而且，按照相关史料，杨素之死和太子之死，中间只差一天的时间。

第二种记载则是说，杨素是病死的。根据《隋书·杨素传》的记载，大业二年（606）夏天，杨素生病了，而且，病势比较危重。杨素是当时隋朝头号大臣，对他的病况，隋炀帝表现得相当关心。为了让他早日康复，隋炀帝天天派御医来探望杨素，而且把御用药品也拿出来，赐给杨素吃。总之，对杨素关怀备至。但是，每次御医回宫，隋炀帝必定都要问他一句：杨素到底什么时候能死啊？

隋炀帝那边是天天探视，唯恐杨素不死，杨素对皇帝的用心也是心知肚明，他知道，皇帝这么天天来打探，自己若是再拖延下去，恐怕就要不得好死，而且死无葬身之地了。怎么办呢？杨素把自己的心腹，也是当年一起为隋炀帝效力的弟弟杨约叫来了。对他说："我岂须更活邪！"皇帝这么巴望我死，我还活着干什么？从此干脆就不再吃药，而且故意折腾自己，导致病情加重。到七月二十三日，杨素终于一命呜呼。

这两种说法，一个说投毒，一个说病死，到底哪个更贴近事实？个人觉得，应该是第二种更为合理。

第一，《大业杂记》是一本笔记小说，而《隋书》属于正史，一般来说，正史的史料可信度超过笔记小说。

第二，《大业杂记》的记载多有不合情理之处，而《隋书·杨素传》倒是完全符合逻辑。试想，皇帝如果想要毒死首席大臣，那一定要经过周密策划，精心准备，谁放药，谁送酒，事成如何处置，事败如何补救，都应该安排得清清楚楚。怎么可能出现皇帝冒险投毒，送酒的宫女浑然不觉，居然误送到太子手里这样的荒唐事？这是不合情理的。

相反，《隋书·杨素传》的说法倒是入情入理。杨素受到皇帝猜忌，自然心理负担沉重，郁郁成疾。他既然生病，隋炀帝当然是满怀期待，天天盼他死。杨素一看皇帝表现得这么迫切，也觉得心灰意懒，干脆不吃药，加速了自己的死亡。这样的心理，这样的做法，都非常符合逻辑，也非常符合人情，可信度相当高。

第三，《大业杂记》之所以这样记，其实是因为隋炀帝的太子恰好死在杨素前一天，按照一般人的想法，哪有这么无巧不成书的事，再加上隋炀帝猜忌杨素这一客观事实在先，于是就炮制出这么一个故事来。

这样综合来看，杨素确实应该是病死的，但是，在病死的前前后后，都有隋炀帝制造的巨大精神压力。这样看来，说杨素是隋炀帝逼死的，也未尝不可。

不管怎么说，到大业二年（606）夏天，杨素终于死去，隋炀帝除去一个心腹大患，总算可以睡一个好觉了。要怎么安葬这个还算懂事的老臣呢？隋炀帝下令：务必厚葬。隋炀帝追赠杨素为光禄大夫、太尉公、十郡太守，这是政治待遇。另外，给他辒车、班剑、鼓吹，这是提高葬礼规格。还有，赐给杨素家人粟麦五千石、布帛五千段，这是经济待遇。这还不算，隋炀帝还下令，给杨素树碑立传，表彰他的卓越功勋。这样的待遇，也算是生荣死哀了。

不过，就在这些表面文章都做完之后，隋炀帝顺口说了一句话，一下子把他苦心经营的君明臣贤、君臣一体的面纱撕了个粉碎。隋炀帝说："使素不死，夷其九族。"幸好杨素懂事，自己死了，如果再不死，我一定杀他九族。这样杀气腾腾的狠话，真是让人听了毛骨悚然。

这还没完。就在杨素死后不久，有术士对隋炀帝说，杨素的坟上"白气属天"，这表明要有兵祸，是灭门之相。这不是暗示杨素家会有人造反吗？隋炀帝心里又不踏实了。怎么处理呢？

没过多久，杨素的弟弟杨约路过杨素坟墓，想起哥哥生病之后不敢吃药、只求快死的辛酸往事，忍不住趴在墓道上号啕大哭。

有人把这件事上报给隋炀帝，隋炀帝马上又疑虑暗生。杨约也是宰相，手里权力不小，如果他觉得哥哥冤枉，要替杨素报仇，也是麻烦。为了保险起见，隋炀帝干脆把杨约贬为淅阳太守，让他离开朝廷了。

想当初，杨约也没少为隋炀帝做贡献。最早的时候，杨广就是通过他来游说杨素加盟，一起陷害前太子杨勇。后来，隋文帝去世之际，又是杨约帮隋炀帝勒死了废太子杨勇，保证了隋炀帝顺利接班。既是功臣，又是文臣，基本不构成威胁，本来应该没什么问题。但是，就因为他是杨素的弟弟，隋炀帝就要这样严加防范，可见内心对杨素的猜忌有多深。

三、评价

那么，应该如何评价杨素之死呢？要想弄清这个问题，先得看看，杨素到底是怎样一个人。

杨素这个人非常复杂，身上同时具有两方面的特征。

第一方面，文韬武略，识人成人。

所谓文韬武略，是说杨素是隋朝不可多得的文武全才。

武的方面，他是隋朝四大名将之首。隋朝的四大名将分别是杨素、史万岁、贺若弼、韩擒虎。其中，贺若弼和韩擒虎的功劳主要体现在平陈，史万岁则体现在打突厥，都有局限性。只有杨素，无论是平陈、打突厥还是中原的战争，他都参加了，而且，都是台柱子。另外，杨素还有一个纪录无人能够打破，那就是他打仗从来没有失败过。把这两个优点加起来，他作为四大名将之首的地位也就无人撼动了。

再看文的方面。在上册书中我曾经提到，隋文帝恐怕是冒牌的弘农杨氏。但是，杨素可绝对是正牌弘农杨氏出身。出身贵族，从小受到良好教育，擅长草隶，工于诗文。他写诗的水平，在隋朝也是数一数二的。仅以代表作《出塞》为例："漠南胡未空，汉将复临戎。飞狐出塞北，碣石指辽东。冠军临瀚海，长平翼大风。云横虎落阵，气抱龙城虹。横行万里外，胡运百年穷……"

这首诗是在吟咏汉朝的两个名将卫青和霍去病。"漠南胡未空，汉将复临戎"，既可以指卫青打漠南匈奴，也暗含霍去病的典故。霍去病当年有一句名言："匈奴未灭，何以家为？"不是正好和这首诗的情境类似吗？因为匈奴还没有打完，所以将军们又出征了。第二句，"飞狐出塞北，碣石指辽东"，这是讲霍去病东临碣石，攻打东北的匈奴。"冠军临瀚海，长平翼大风"，这里连用两位将军的典故。所谓冠军，是指冠军侯霍去病。而长平则是长平侯卫青。因为有这两个人的奋击"横行万里外"，所以，才会有"胡运百年穷"的结局。很显然，有这样的将军拼命打仗，胡人的势力不能长久，这才缔造了汉家的荣光。表面上看，这首诗吟诵的是汉朝的两个将军，实际上呢，杨素这是在自我标榜。因为我奋力厮杀，所以我们大隋才得以安宁。

杨素的诗篇既有风骨，又有气度，和隋炀帝非常相似。清朝文学评论家沈德潜在《古诗源》中曾经感叹：“**武人亦复奸雄，而诗格清远，转似出世高人，真不可解**。”杨素是一员武将，也是一个奸雄，但是他的诗清新高远，就好像出世的高人，真让人困惑不解。这种令后人惊叹的水准，正体现了杨素卓越的文韬。

再说说知人之明，成人之美。如果说文韬武略主要讲才能，那么知人成人，就主要指他为人方面的优点了。先举两个例子，证明他的知人之明。

第一个例子。隋朝四大名将之一的韩擒虎有个外甥，名叫李靖，当年还是个年轻人，没什么名气。结果，杨素一看到他，马上指着自己的座椅说：“**卿终当坐此！**”小伙子，总有一天你会坐到我这个位置上来。这句话杨素说得准不准？准得无以复加。这个李靖就是日后大名鼎鼎的李卫公，他是唐朝最著名的将军，也是唐朝最著名的军事理论家，他的形象画在了唐朝的凌烟阁上，他的《卫公兵法》直到清朝还是考武举的必读书，他和红拂女的爱情，更是中国人心中的千古传奇。

第二个例子。隋朝有个人叫封德彝，当时也是个小官，谁都没太注意他。但是，杨素一看，马上和他倾心结交，而且也指着自己的座位说：“**封郎终居此坐**。”封郎，有一天你会坐到这个位置上来。这句话后来实现没有？也实现了。封德彝是李渊晋阳起兵的主要策划者之一，他本人在唐朝官居宰相，是唐朝初年最有影响力的大臣。

杨素指了两次椅子，就给唐朝指出了一将一相，这还不是知人之明吗？

什么叫成人之美？除了前面讲过的，杨素放侍妾乐昌公主与落魄的前夫徐德言破镜重圆的故事之外，再讲一个《隋唐嘉话》里的故事。隋文帝时期有个宰相叫李德林，他的儿子李百药非常聪明，出口成章，但是跟好多文学青年一样，比较多情也比较轻浮，竟然吃了豹子胆，跟杨素的爱妾私通。结果东窗事发，被杨素发现了。

怎样处理这对奸夫淫妇？杨素最开始的反应是勃然大怒，必欲杀之而后快。可是，李百药一抬头，杨素的刀又放下了。为什么？因为李百药“年未二十，仪神隽秀”，年纪不到二十岁，是个英俊少年。爱美之心人皆有之，杨素一时动了恻隐之心，对李百药说：“闻汝善为文，可作诗自叙，称吾意当免汝死。”听说你写诗写得好，现在你就写诗描述一下你此刻的处境和心境，如果写得好，我就放了你。

李百药也毫不含糊，一气呵成，文采斐然。杨素看完，气也消了，不仅不杀，反而拱手把爱妾送给了李百药，“并资从数十万”，还推荐李百药升了官。所谓成人之美，还有比这更彻底的吗？

说了杨素这么多优点，大家可能会觉得，这简直是个万人迷、超级偶像。但这并不是全部。因为杨素还有第二方面的特性。

这第二方面是热衷功名，不择手段。

这个特性从杨素对隋炀帝的三大贡献中就可以看得清清楚楚。这三大贡献固然成就了隋炀帝的皇位，也让杨素位极人臣，但是，从传统的政治道德和政治原则考虑，那可就是彻头彻尾的不忠不义，对隋朝的政治稳定造成了很大伤害。

把杨素这两方面的特性结合起来，杨素到底是个什么样的人？《隋书·杨素传》的说法非常经典：“考其夷凶静乱，功臣莫居其右；览其奇策高文，足为一时之杰。然专以智诈自立，不由仁义之道。”考察他那些平叛靖乱的功劳，没有哪个功臣能比他更强；考察他的对策诗文，也没有哪个文人能比他更强。但是他只认得智力，只懂得诈术，他根本就不会考虑仁义之道。

一言以蔽之，杨素其人，才胜于德。这样的人其实相当危险，因为他们能力超群，而又不讲道德，不顾大局，一旦他们的利益和国家利益发生冲突，那么，他们对国家的危害可能比任何人都大。

有了这样的前提，再来评价杨素之死，就会意识到，隋炀帝猜忌杨素，乃至逼死杨素，有当时的必然性。这样的人其实就是功臣型的大臣，搞阴谋的能力高于搞建设，这样的人只能共患难，不能共安乐。一旦政治局面安定下来，他的出局也就在所难免了。

尽管杨素有很多问题，但是，我们还是会觉得，隋炀帝的做法太凉薄了。特别是杨素死后，隋炀帝说的那句“使素不死，夷其九族”，更是让人不寒而栗。

一代佐命元勋竟然落得如此下场，不仅让人产生兔死狗烹、鸟尽弓藏的悲哀，也让人清楚地感觉到这个皇帝的冷酷。而一个皇帝，若是给人留下这样的印象，对团结朝臣是非常不利的。

更重要的是，隋炀帝对大臣的清洗并没有就此打住，相反，紧接着，又有几个并未像杨素那样功高震主，而且也颇有治国理政之才的老臣相继被隋炀帝清除，给隋朝的朝政带来了极为不利的影响。

第十一章 老臣伏诛

在隋炀帝的猜忌之下，功高震主的老臣杨素被逼而死。朝堂之上，已经没有人能对隋炀帝构成威胁。但仅仅在杨素死后的第二年，又发生了一起震惊朝野的大案。三位元老重臣，被隋炀帝一道诏令，在同一天处以极刑。这三位元老重臣究竟做了什么？隋炀帝为什么一点也不顾及君臣之情而下此狠手？他又是以什么名义对这些元老重臣下手的？隋炀帝毫不留情地诛杀元老重臣，又将给他带来怎样的影响？

一、因言获罪

大业二年（606），隋炀帝逼死了老臣杨素，为他统治期间的君臣关系蒙上一层阴影。转过年来，大业三年（607），大隋的朝廷又发生了一起震惊朝野的大案，一下子让高颎、贺若弼、宇文弼三位元老重臣死于非命。

这件事的起因，其实是和隋炀帝北巡联系在一起的。隋炀帝在大业三年（607）巡视塞北，临幸启民可汗牙帐。为了壮大声威，他制造观风行殿，表演鱼龙百戏，而且修筑长城，搞得声势浩大。这一方面固然是巩固了北部边疆，但是，另一方面，也造成了很大的浪费。这样浮华奢侈的作风，让一些跟着隋文帝一起打江山的老臣看得很不顺眼，聚在一起，议论纷纷。这些老臣中，威望最高的是三个人，高颎、贺若弼和宇文弼。

高颎是隋文帝时期著名的宰相，隋文帝开皇后期，因为反对废黜杨勇、改立杨广当太子而被罢官。隋炀帝上台后，为了表现自己的宽宏大量，不计前嫌，又重新任命他当太常卿，掌管礼乐，是九卿之一，三品官。

贺若弼是平陈战争的功臣，隋朝四大名将之一，当时的头衔是右武侯大将军，光禄大夫，宋国公。右武侯大将军是三品官，也是最高级别的武职事官。光禄大夫是他的散品，是一品官，宋国公则是他的爵位，仅次于亲王和郡王，基本上算是大臣能够拥有的最高爵位了。

宇文弼则是北周宗室，也是能打仗、能写书的文武全才，当时的官职是礼部尚书，也是三品官。

细究这三个人的身份就能明白，这三个人其实有共性。首先，他们都是隋文帝时代遗留下来的老臣，很有威望。另外，在隋炀帝时代，他们也都是三品大员，位高权重。

他们几个人能够聚到一起，其实还是拜隋炀帝所赐。隋炀帝每次巡游都带着大臣一起走，这就给大臣制造了难得的社交机会。这些大臣平时住在京城之中，上班各有公干，下班各回各家，并没多少时间在一起聊天。现在，跟着隋炀帝一块儿旅行，帐篷连在一起，马拴在一起，每天又没什么事，不聊天还能干什么呢？要聊天，一定是年龄相仿、身份相近的人比较聊得来。高颎、贺若弼、宇文弼他们恰恰就是年龄相近、身份相仿，所以自然而然扎堆聊天。

他们都聊些什么？这些人都是政治人物，聊得最多的还是政治。当时，隋炀帝厚待启民可汗，还让启民可汗入朝。高颎就大不以为然："此虏颇知中国虚实、山川险易，恐为后患。"我们皇帝陛下这样做可不对，带着启民可汗一块儿走，这是干什么？这是给他带路呢，让他把从草原到中原的路都摸清楚了，地形地貌、守备虚实也都弄清楚了。一旦他有了反心，这不就是养虎蹦遗患吗？

后来，隋炀帝大搞鱼龙百戏，铺张浪费，高颎又说："近来朝廷殊无纲纪。"最近朝廷里怎么乱搞？一点纲纪都没有了。总之一句话，对隋炀帝的内政外交政策都有意见。

高颎发牢骚，宇文弼也发牢骚。他一看隋炀帝搭建能装几千个人的帐篷，就去对高颎说："天元之侈，以今方之，不亦甚乎？"咱们当年都看不惯天元皇帝周宣帝奢侈，再看当今天子，不是比那个时候还要变本加厉吗？

隋炀帝征集民夫修长城，宇文弼又对高颎说："长城之役，幸非急务。"咱们既然已经花了这么多钱，跟突厥搞好关系了，这友好总得维持几年吧，那还急着修什么长城？劳民伤财的。

高颎和宇文弼不满意，贺若弼也不满意。他看着隋炀帝为东突厥启民可汗大摆酒宴，就跟高颎议论：这皇帝，也太奢侈了吧，国库还不让他败坏光了。

他们几个凑到一起瞎议论，没想到隔墙有耳，有人把这件事报告给隋炀帝了。

照理说这些议论也就属于一般不满，虽然把皇帝比成历史上的亡国之君，显得不太客气，但是，这毕竟是私下议论，属于背后骂皇帝的类型，又没有什么具体的反抗，应该不是什么大不了的事情。

那么，隋炀帝是怎么处理的？大业三年（607）七月，就在北巡路上，隋炀帝下诏说：高颎、宇文弼、贺若弼三人，谤讪朝政，处以死刑。儿孙或者流放边疆，或者没入后宫，充当奴仆。一时之间，三个位高权重的老臣死于非命，真是朝野震惊。

当年，隋文帝在位的时候，高颎的母亲就曾经警告过他："汝富贵已极，但有一斫头耳，尔其慎之！"你现在已经富贵非常，该得到的都得到了。要说还差什么，那就差一个砍头了，你以后小心一点吧。说得高颎战战兢兢。所以，后来，高颎被隋文帝革职为民，他还颇有解脱感，以为从此远离政治，不再有性命之忧，没想到，躲得过初一，躲不过十五，最终还是没能避免砍头的命运。

贺若弼就更可怜了。他的父亲贺若敦曾经是北周的名将，在权臣宇文护当政时期，他因为议论朝政被逼自杀。临死之前，贺若敦把贺若弼叫到面前，对他说："吾必欲平江南，然此心不果，汝当成吾志。且吾以舌死，汝不可不思。"我平生的遗憾，就是没有能够平定江南，现在我要死了，这个愿望你以后一定要帮我实现。我为什么会死？就是因为我长了一个长舌头，乱说话，所以才死于非命。你务必接受这个教训，以后谨言慎行。

说完，他让贺若弼张开嘴，拿起锥子对着舌头一通乱扎，扎得贺若弼满嘴流血。这是多么惨痛的教育啊！没想到，贺若弼最后还是因言获罪，和父亲一样死于非命。

二、新仇旧恨

高颎、贺若弼、宇文弼都是三品大员，是隋炀帝手下的重臣，因为这几句牢骚，就把这样几位元老重臣处以死刑，这个惩罚也太夸张了。

那么，隋炀帝为什么要这样做？除了隋炀帝刚愎自用、听不进不同意见之外，这里面至少还有三个原因值得考虑。

第一个原因，这三个人在历史上都跟隋炀帝有矛盾。

高颎跟隋炀帝的矛盾最明显，他是当年杨广当太子的最大障碍。

贺若弼又有什么问题呢？此人在平陈战争中不听杨广的命令，抢了头功。当年，杨广是平陈战争的最高统帅，贺若弼也好，韩擒虎也好，都是他派出去的先头部队。按照计划，贺若弼应该等杨广率领主力部队过江，再一起攻打陈朝的首都建康。可是，贺若弼和韩擒虎过江之后，发现形势一片大好，干脆没等杨广，就自行投入战斗，一直打到建康城，活捉了陈后主，抢了杨广的头功，这让杨广很是恼火。所以，他率领主力部队进入建康城后，第一件事不是犒赏军队，而是先把贺若弼和韩擒虎给抓了起来，要治他们违抗军令的罪。幸好后来隋文帝及时解救，这才没有被正法。但无论如何，贺若弼还是给隋炀帝留下了目无上司的印象。

宇文弼和隋炀帝又有什么过节？他当年担任过汉王杨谅的行军司马。杨谅造反，让隋炀帝一直耿耿于怀。

这样说来，三位大臣原来都不是杨广的嫡系，甚至是杨广的反对派。这是第一个原因。

第二个原因，这三个人都是隋文帝时代的元老，总有点儿倚老卖老，对隋炀帝不够尊重。

先看高颎。高颎为什么让隋炀帝觉得不受尊重？主要是因为他太不领情了。高颎反对立杨广当太子，因此在隋文帝晚期被革职为民，是隋炀帝又重新起用了他。按隋炀帝的想法，高颎应该感激他宽宏大量、不计前嫌，从此唯他马首是瞻才对。

遗憾的是，高颎并没有因此唯命是从。他刚一当上太常卿，就跟隋炀帝发生了矛盾。隋炀帝到处巡游，需要展示隋朝的盛世繁华。用什么来展示？他认为，大搞各种文艺演出，用艺术的形式来展示是最好的方式。可是，别看隋文帝给隋炀帝留下了那么多遗产，唯独在文艺方面没能给他奠定基础。

为什么呢？因为隋文帝是个严肃的人。他觉得，北周和北齐之所以灭亡，很重要的原因就是皇帝太过娱乐化，整天听那些宫廷艺人演奏从西域传来的靡靡之音，还让艺人当官，结果君子道消、小人道长，这才亡了国。所以，文帝当政之后马上下令，遣散北齐和北周的宫廷艺人，打造严肃认真的政治风气。后来，隋文帝虽然也出于统治的需要制礼作乐，但是，他打造出来的宫廷音乐都是所谓的雅乐正声，规矩到刻板的程度，娱乐性不强。

隋炀帝想要繁荣文艺，宫廷现有的资源又不够，怎么办？这时候，隋炀帝就回想起北齐北周时代艺术的繁荣局面了。下令把原来遣散的北齐和北周的宫廷艺人都召回来，还在民间大肆征集散乐。

所谓散乐，其实就是前面一直提到的百戏，那就不是严肃音乐了，而是杂技、武术、幻术、滑稽表演、歌舞戏等乐舞杂技表演的总称，基本上和清朝时候北京天桥的表演是一个性质，属于民间通俗文艺。

当时，高颎官居太常卿，制礼作乐本来就是他的本职工作，隋炀帝下诏征集散乐，他应该配合才是。

那么，高颎是不是全力配合呢？并没有。因为这和高颎的理念严重不合。要知道，高颎给隋文帝当了十八年宰相，毫无疑问，隋文帝的主张也正是他的主张。高颎和隋文帝一样，是个有点清教徒精神的人。他觉得，隋炀帝要的那些东西无非就是淫词艳曲、靡靡之音，这简直就是亡国之兆，他怎么能够同意！

既然不同意，高颎就给隋炀帝提意见了。他说：“此乐久废。今或征之，恐无识之徒弃本逐末，递相教习。”陛下，您说的这套通俗音乐也好，百戏也好，都废弃很久了。如果现在再从民间征集，我怕老百姓会觉得陛下喜欢这种淫词艳曲。要知道，所谓“上有所好，下必甚焉”。您这一开口子，天下必然纷纷效法。这样一来，父教子，兄教弟，大家都去学那种东西，天下的风气可就败坏了！

高颎说这种音乐歌舞废弃有理，收集起来有害。废弃散乐是隋文帝的政策，收集回来是隋炀帝的政策，这不是明摆着说隋炀帝不及隋文帝吗？这就叫是古非今，以隋文帝压隋炀帝。这让隋炀帝非常不痛快。

在隋炀帝看来，高颎提意见，并不是老大臣责任感强，知无不言、言无不尽，而是自以为是元老重臣，不把他这个天子放在眼里。这个家伙，当年反对自己当太子，自己都没有跟他计较，反倒还提拔他。现在他居然恩将仇报，蔑视自己的权威，真乃是可忍，孰不可忍！所以，当然不会接受高颎的意见，反倒非常不悦。

高颎一看上谏无效，只好悄悄跟底下人发牢骚说：“周天元以好乐而亡，殷鉴不遥，安可复尔！”北周天元皇帝就是因为喜欢这些淫词艳曲才亡国的，这才过去几天，怎么我们皇帝就要重蹈覆辙呢？把隋炀帝比喻成亡国之君周宣帝，这不是大逆不道吗？这样一来，隋炀帝对他更是恨之入骨。

再看贺若弼。贺若弼为什么让隋炀帝觉得不受尊重？因为他太骄傲了。说起贺若弼的骄傲，在历史上真是大名鼎鼎，任谁也受不了。

当年，贺若弼平陈有功，自以为应当出将入相，但是，隋文帝并不这么想。平陈之后，隋文帝提拔了杨素当宰相，让杨素和高颎搭班子，主持朝政，并没有提拔贺若弼，他就因此愤愤不平。到处跟人讲，高颎和杨素都是吃干饭的货，没有真本事。

这可把隋文帝气坏了，就当面质问他，高颎和杨素都是我任用的宰相，你却说他们无能，你是什么意思？

贺若弼才不怕隋文帝质问。他昂然说："颎，臣之故人；素，臣之舅子，臣并知其为人，诚有此语。"高颎是我哥们，杨素是我舅舅的儿子，我太了解他们啦，说他们是吃干饭的，这是我在了解的基础上做出的客观评价，一点错都没有。

高颎和杨素是隋朝最有本事的两个大臣，贺若弼居然这么评价，还不是骄傲自大吗？隋文帝算是一个好皇帝，对他这样的骄傲都觉得难以容忍，所以，晚年对他颇为冷落。

那么，贺若弼有没有因此反省，收敛一些？完全没有，在隋炀帝面前，他更骄傲了。再举一个例子。

隋炀帝还是太子的时候，问他："杨素、韩擒（虎）、史万岁三人，俱称良将，优劣如何？"杨素、韩擒虎、史万岁这三个人，朝野都说他们是良将，你给我评价评价，他们谁优谁劣？这其实是把四大名将中除他以外的三大名将都拿了出来，请他评价。

贺若弼是怎么回答的呢？他说："杨素是猛将，非谋将；韩擒（虎）是斗将，非领将；史万岁是骑将，非大将。"杨素是个猛将，但是没有谋略；韩擒虎是个勇将，但是没有领导能力；史万岁擅长骑射，单兵作战还不错，但是当不了大将。总而言之，三个都不行。

杨广接着问他："然则大将谁也？"他们三个都不是大将，那你说大将是谁？

"弼拜曰：'唯殿下所择。'"贺若弼下拜施礼说，殿下，您看着办吧，您说谁就是谁了。明摆着，他觉得自己才是大将，真是目空一切。

他这样目空一切，隋炀帝当然不能接受。要知道，隋炀帝本人也是骄傲自大的人。在隋炀帝看来，如果说人间还有文武全才，那就是他本人，怎么可能是贺若弼？所以，隋炀帝上台以后，对贺若弼更加疏远。

如果贺若弼是个细致的人，这时候应该知道，皇帝不喜欢他瞎说，该学会闭嘴了。可是，贺若弼其实是个粗线条的人，毫无察觉，照样信口开河，这次议论隋炀帝北巡太过奢侈就是明证。他这么口无遮拦，如果换一个皇帝，也许还会觉得贺若弼就是这么一个性格，不用放在心上。但是，隋炀帝就不一样了。因为此前早有过节，他觉得贺若弼之所以这样肆无忌惮，就是没把他放在眼里，这样的人当然不能容忍。

再看宇文弼。宇文弼为什么让隋炀帝觉得不受尊重？说起来宇文弼最冤枉，因为他声望太好了。宇文弼这个人才兼文武，曾经给《尚书》和《孝经》做过注，在北周和隋朝都立过战功，而且，当地方官也很有成绩，这才被提拔到中央，担任礼部尚书。

按照《北史·宇文弼传》的说法，此人“**历职显要，声望甚重，物议多见推许。**”历任多种重要工作，每一样都做得特别好，所以声望极高，算是一个公认的有本事的人。

一个人这么有本事、有人气，隋炀帝本来就觉得不放心，现在，他居然公然批评隋炀帝，更让隋炀帝觉得他是倚仗自己的声望，不把皇帝放在眼里。

第三个原因，这三个人私议朝政，有结党嫌疑。

其实，当时对隋炀帝的政策议论纷纷的并不止这几个人。比如高颎说“**此虏颇知中国虚实、山川险易，恐为后患**”，是跟谁在议论？他的听众是建筑专家何稠。另外，对于隋炀帝修长城，老臣苏威也曾经上谏反对。

那么，为什么何稠、苏威这两个人不被处死？因为这两个人和高颎他们情况不同。

何稠是什么人？何稠是工程建筑专家，隋文帝夫妇的陵寝都是他修的，隋炀帝到江南用的仪仗也是他设计的。这是典型的技术型官员，虽然也议论朝政，但是，隋炀帝认为威胁不大，可以不予追究。

苏威为什么没被处死？因为苏威提意见，是以上谏的形式提的。这叫作正大光明，走组织程序。虽然也不讨隋炀帝喜欢，被隋炀帝免了官，但是，毕竟还算是从轻发落。

高颎他们三个就不一样了。这三个人背景相似，都是前朝老臣，素有威望，再加上彼此情投意合，这不就是暗中结党，组织反对当朝皇帝的小集团吗？而大臣抱团结党，无论什么时候，都是皇帝最忌讳的事情。

就这样，因为新仇旧恨，三个功勋卓著的老臣都被清洗掉了，这可是当时轰动一时的大案。

三、诛杀后果

那么，应该怎样看待隋炀帝诛杀老臣这件事？有三个方面的问题值得考虑。

第一，这件事虽然看似是因为议论朝政引起的，好像是隋炀帝拒绝纳谏的经典案例，但其实背景没有这么简单，而是有着鲜明的清除隋文帝时期元老重臣的意味。

这三个大臣都是隋文帝时期的老臣，他们之所以不满意隋炀帝的做法，往往是基于和隋文帝政治风格的对比。元老重臣的存在，本来就容易让年轻皇帝产生压抑感，更何况是隋炀帝这样一个权力意志特别强烈的皇帝！自然会觉得难以忍受。

这样看来，这次清洗不仅仅是拒绝劝谏的问题，它还存在着清除文帝政治势力，给自身统治开道的因素。它意味着朝廷的洗牌。

第二，这次诛杀老臣，也意味着对关陇贵族集团的一次重大打击。

关陇贵族集团形成于西魏、北周时期，在隋文帝时期继续占统治地位。这个集团的成员普遍文武兼备，出将入相。另外，他们身份高贵，对皇权也有很大制约。杨素以及高颎等人其实就属于这个集团。现在，这几个关陇贵族集团中最有实力的老臣相继被清除，这一方面意味着隋炀帝的权力大幅提高，另一方面，也给出身于其他地区的官员地位上升开辟了道路。

第三，这次事件对隋炀帝的政治统治产生了四个非常不利的影响。

第一个影响，它一下子让隋朝损失了好几位优秀的政治家。这几位老臣全都出将入相，算是当时最有经验的政治家。特别是老臣高颎，无疑是隋朝最有能力的大臣。按照《资治通鉴》

的说法：“颎有文武大略，明达世务，……当朝执政将二十年，朝野推服，物无异议，海内富庶，颎之力也。”高颎有文韬武略，办理政务很在行，在朝做官将近二十年，大官小官都很推崇他。隋朝的富足，与他的功劳是密不可分的。

这样的人，对于把握政治方向，稳定政治局面都有重大价值。隋炀帝的统治一直比较冒进，本来需要能够制衡他的人。谁能制衡他呢？元老重臣应该可以发挥一定的作用。但是现在把元老重臣都处死，能够制衡隋炀帝的力量也就缺失了，朝廷的纠错机制更加薄弱，这对朝政当然会产生不利影响。

第二个影响，它也不利于隋炀帝政治形象的塑造。这几个老臣对隋朝都忠心耿耿，而且很有政治节操和社会声望。杀掉这样的老臣，本来就容易引人反感。特别是老臣因言获罪，尤其会引起人们的同情。按照史书记载，高颎死的时候，“天下莫不伤之”。天下人都替高颎伤心，那也就意味着，天下人都不认可隋炀帝的做法。这样失人心，犯众怒，对一个皇帝而言自然相当不利。

第三个影响，它让隋朝的政治风气变坏了。什么风气呢？就是至关重要的进谏与纳谏的风气。在皇帝和大臣的关系上，皇帝是指挥棒。皇帝能够宽仁纳谏，大臣才能勇于进谏。最明显的例子就是后来的唐太宗和魏徵。相反，如果皇帝拒绝纳谏，多数臣子就会为了自身的利益，明哲保身，甚至见风使舵。现在，几位元老重臣因言获罪，一下子就给朝臣发出了一个不良信号：皇帝不喜欢听不同意见，以后，能不开口的地方最好就别开口了。这样一来，朝廷里一言堂的情况就更加明显，这当然不利于政治统治。

第四个影响，这次事件也暴露出隋炀帝性格的重大缺陷。那就是刚愎自用，害怕别人胜过自己。这些老臣之所以不为隋炀帝所容，很重要的一个原因就是他们有实力、有威望。隋炀帝因为自视过高，最恨的就是别人的实力和威望，必欲除之而后快。然而，好皇帝的标准并非样样都高明，而是能够把大臣的才华发挥到极致，就像当年汉高祖承认自己不行，但是大胆起用张良为师、萧何为相、韩信为将那样。一个皇帝如果害怕大臣有能力，只喜欢不如自己、顺从自己的大臣，怎么可能开创良好的政治局面呢？

这样看来，因为诛杀老臣，隋炀帝在政治上又失了一招。表面看来，他除掉了文帝时代的老臣，树立了自身权威，统治更加稳固，但其实，这件事造成的不利影响远远超出了他的想象。

那么，他会努力挽回局面，还是会在这条错误的道路上越走越远？

第十二章 言者有罪

隋炀帝诛杀手握大权的元老重臣，表面上看，这些老臣都是因言获罪,但事件的背后却隐藏着隋炀帝清除前朝政治异己、巩固自己权力的意图。而在随后的岁月里，他的打击面逐渐扩大，有两个大臣仅仅是因为说了几句不该说的话，和政治斗争没有任何牵连，居然也死在隋炀帝的屠刀之下。在这一波打击中，因言被杀的又是何许人？隋炀帝为什么会做出如此极端的反应？

一、薛道衡之死

因为高颎等三位老臣在北巡的道路上议论朝政，隋炀帝把他们悉数处死。这已经是隋炀帝时期因言获罪的先例，对隋炀帝的政局产生了不利影响。但是，这三个大臣被处死的原因比较复杂，其中不乏清洗文帝政治遗存，给自身统治开路的意思，所以还不能完全视为拒绝不同意见。

可接下来，又有两个大臣相继死于非命，而这两个大臣，除了说了一些不该说的话之外，其实并没有更多的问题。这就更加值得重视了。

第一个被杀的大臣叫薛道衡。薛道衡出身北齐，是当时著名的诗人、文学家。十三岁的时候就能讲《左传》，长大之后和大才子李德林齐名。后来北齐灭亡，才进入隋朝。虽然属于亡国之臣，出身不算好，但是，很快因为文化优势崭露头角。当年，平陈之役，薛道衡就在高颎手下掌管文翰。

当时还是晋王的杨广也是个优秀的文学家，对文人本来就有惺惺相惜之感，又因为正在致力于提升自己的声望，拼命网罗人才，所以，对薛道衡颇为爱慕，很想把薛道衡延揽到自己的麾下。

如何延揽呢？正好，当时薛道衡被人告发结党，触怒了隋文帝，隋文帝就把他流放岭南。落难之时，杨广悄悄地给薛道衡写信，让他取道扬州。按照杨广的计划，一旦薛道衡到了扬州，自己就给父亲打报告，把他留在自己身边。这本来是一番好意，可是，薛道衡为人非常正统，不愿意跟藩王走得太近，还是拒绝了杨广的建议，根本没走扬州，而是从江陵南下了。这样一来，杨广的计划落空了，这当然让杨广很失望，不过，也无可奈何。

后来，薛道衡结束流放生涯，重新回到京城，当了内史侍郎，负责起草诏令。他起草的诏令都文辞华美，隋文帝特别满意。不仅皇帝满意，两个宰相高颎和杨素也都推崇他。特别是杨素，自己就是个文人，跟薛道衡尤其要好，两个人经常互相唱和，简直情同手足。

隋文帝晚年，杨素当政，隋文帝有意削弱他的势力。如何削弱呢？隋文帝觉得杨素主持朝政，薛道衡起草诏书，两个人过从甚密对自己不利，就让薛道衡出任襄州总管，离开中央了。薛道衡也真是书呆子，明明是隋文帝排挤他，他却根本没感觉，反倒特别留恋隋文帝，呜咽流涕，不舍得离开。一看薛道衡如此单纯，隋文帝也很感动，还对他讲："尔光阴晚暮，侍奉诚劳。朕欲令尔将摄，兼抚氓俗。今尔之去，朕如断一臂。"你也老了，总在我身边做事，太辛苦了。之所以让你到地方去任职，也是让你歇歇的意思，当然，也是让老百姓都感受一下你的风采。可是，你知道吗？让你走，我真觉得像断了一条胳膊一样难受啊！因为有隋文帝这样一番煽情的表达，薛道衡不仅不怨恨隋文帝，反倒更觉得他是个好皇帝。

通观薛道衡的言谈举止就可以看出，此人是个典型的书呆子。智商很高，但是情商比较低，很多人情世故他看不透，也不计较。

隋炀帝当政后，追念薛道衡的风采，又把他从地方召回中央，想要让他担任秘书监。秘书监是三品官，负责掌管图书文籍，也算发挥薛道衡的专长。应该说，隋炀帝这个做法，比隋文帝对薛道衡要厚道多了。

那么，对皇帝的这番美意，薛道衡如何回应呢？他回京之后，立刻给炀帝上了一篇《高祖文皇帝颂》，称赞隋文帝："八荒无外，九服大同，四海为家，万里为宅。……天性弘慈，圣心恻隐，恩加禽兽，胎卵于是获全，仁沾草木，牛羊所以勿践。"隋文帝武功卓著，并吞八荒，一统天下；而且隋文帝文德仁厚，可以施恩草木，惠及禽兽。总之，隋文帝是一个有圣德神功的好皇帝，把隋文帝夸得像一朵花一样。

薛道衡为什么要在新皇帝面前歌颂老皇帝呢？其实，他的想法挺简单的。

第一，他确实喜欢隋文帝，真心实意地觉得隋文帝是个好皇帝。

第二，他觉得，对着儿子夸爸爸，也是理所当然。

那么，薛道衡这么想这么做，到底对不对呢？其实不对，甚至可以说是大错特错。要知道，皇帝的家庭关系和一般家庭关系可不一样，对着隋炀帝夸隋文帝，不是简单的对着儿子夸爸爸，而是对着当今皇帝猛夸前朝皇帝，这不就叫是古非今，以死人压活人吗？

所以，隋炀帝一看这篇颂文，马上就对大臣讲："**道衡致美先朝，此《鱼藻》之义也。**"薛道衡对着我这个当今皇帝夸前朝皇帝，这是《鱼藻》的意思啊！所谓《鱼藻》，是《诗经·小雅》里的一首诗，主要内容就是通过怀念周武王来反衬周幽王的过失。隋炀帝的意思是，薛道衡这是在通过赞美先皇来贬低我啊！

有了这样的印象，隋炀帝可不高兴了。在他看来，隋文帝把你薛道衡整出朝廷，我又把你请回来，你应该感激我才是，怎么反倒赞美他，来贬低我？这样的大臣必须惩罚，隋炀帝一道制书，不让他再担任秘书监，改让他当司隶大夫了。司隶大夫是四品官，在级别上比秘书监低，这已经是一种惩罚，更重要的是，司隶大夫这个官职可不好当。

司隶大夫主管监察，相当于纪委书记，是专门给人挑错的。这样的岗位容易得罪人，所以也特别招人嫉恨，一旦当上这样的官，就会成为很多人的眼中钉、肉中刺。薛道衡是一个不通人情世故的书呆子，让他到这样的部门工作，这不是黑他吗？

当时，有一个人就看出门道来了。谁呢？薛道衡的下属，司隶刺史房彦谦，唐朝著名宰相房玄龄的爸爸。他对薛道衡说：皇帝怕是不怀好意，你千万小心点，少见朋友，少说话。可是，薛道衡是书呆子，他听是听了，终究体悟不深。果然，就在这个岗位上，薛道衡出事了。

大业五年（609），隋炀帝命令群臣议论一项新的法令。群臣意见并不统一，所以，这个法令就议来议去，久久不能决定。一看这种扯皮的情况，薛道衡心生烦躁，公然对朝臣说：“**向使高颎不死，令决当久行。**”要是高颎不死，这么点小事早就解决了。

薛道衡平时干的是得罪人的工作，早有人看他不顺眼了，现在听他说这样犯忌讳的话，马上汇报给隋炀帝了。隋炀帝一听，勃然大怒道：“**汝忆高颎邪！**”你好大胆，居然给高颎鸣冤叫屈！马上把薛道衡抓了起来，让御史大夫裴蕴审理。

那么，薛道衡这个罪过大不大？其实并没有那么大。他确实出言不慎，涉嫌给罪臣鸣冤叫屈，但是，这鸣冤叫屈是在朝廷上公开说的，并不是搞阴谋诡计。所以按照常理，应该属于可以原谅的错误。而且，薛道衡当时已经七十岁了，本来就是风烛残年，可能皇帝根本就不会治他的罪，直接让他退休回家了事。不仅我们是这么分析的，薛道衡本人也这么想。所以，他待在监牢里，天天催促审案的人快点审理，早点给他个结论。

当时审理此案的是什么人呢？是御史大夫裴蕴。这是个著名的见风使舵的马屁精。他断案既不依据法律，也不依据事实，他只看皇帝的脸色行事。看到皇帝厌恶薛道衡，他马上从严处理了："道衡负才恃旧，有无君之心，推恶于国，妄造祸端。论其罪名，似如隐昧；原其情意，深为悖逆。"大意是说，薛道衡这个事情本身倒是不大，但是，从这个事情上可以看出他恃才傲物，有无君之心！他替高颎鸣冤，这不是把过失推到皇帝身上吗？这可是大逆不道啊！所以，我认为，虽然他的罪状看起来比较轻微，但是，用心却极为险恶。所以，我建议处以死刑！

那么，对裴蕴这种结论，隋炀帝怎么决定呢？隋炀帝说："然。我少时与之行役，轻我童稚，与高颎、贺若弼等外擅威权；及我即位，怀不自安，赖天下无事，未得反耳。公论其逆，妙体本心。"你说得太对了。我当年和他一起征伐陈朝，那时他就轻视我年轻，和高颎、贺若弼这些人一起，作威作福，根本不把我放在眼里。现在，我当了皇帝，他内心不安，肯定想要反叛。只是因为国家形势太好，他找不到造反的由头罢了。现在，你通过这个案子，揭示出了他的叛逆之心，值得表扬！

就这样，君臣两个达成一致，薛道衡的审判结果也出来了。什么结果？大逆不道，赐令自杀！

这个结论一出来，可把薛道衡惊呆了。本来，他以为隋炀帝一定会赦免他，所以，听说这一天要宣判，还特地传话给家人，让他们准备酒菜，预备招待来给自己压惊的朋友。没想到等来的却是隋炀帝让自己自杀的判决。这太出乎意料了，薛道衡根本不敢相信，所以，迟迟不肯动手。

他不肯动手，司法部门只能向隋炀帝汇报，请皇帝裁决。那么，隋炀帝怎么回复呢？他说：既然我好心让他自尽他不领情，那就把他勒死算了。一代文宗，七十岁的老臣，就这样死于非命。

当时正是大业五年（609），隋炀帝刚刚在吐谷浑地区新设了四个郡，正缺人口，薛道衡一死，隋炀帝马上把他的妻子儿女都流放到且末郡，给大隋戍边去了。

可能有读者朋友会想，此前章节不是说，隋炀帝是因为嫉妒薛道衡的文采才让他去死的吗？他死后，隋炀帝还说了一句“更能作‘空梁落燕泥’否！”现在又说是因为薛道衡怀念高颎，有无君之心才被赐死，这不是前后矛盾了吗？

其实，这两个说法并不矛盾。隋炀帝刚愎自用，不喜欢别人超过自己。对于文采斐然的薛道衡，他一方面是惺惺相惜，另一方面，也不乏嫉妒之心。但是，仅仅因为这一点，显然不足以让隋炀帝杀死薛道衡。现在，薛道衡又犯了抬高先皇、贬低自己以及替高颎鸣冤叫屈等一系列错误，隋炀帝新仇旧恨，数罪并罚，这才置其于死地。在他死去之后，隋炀帝追念此前的诗文之辱，脱口而出“空梁落燕泥”之句，不也就可以理解了吗？

回望历史，有时候真令人感慨万千。薛道衡死得实在太冤枉了。他跟高颎等人不一样，他并不是特别有影响力的政治人物，他不过就是个文人，甚至是个书呆子。就算口无遮拦，就算是古非今，但是，他无论如何都不会对隋炀帝的统治造成任何威胁。对这样一个名满天下而又根本不构成威胁的文人、老人，隋炀帝都不能容忍，只能说他心胸狭隘了。

事情还没有结束。薛道衡因为同情高颎被清除掉了，没过两年，又有一个人因为同情薛道衡而被迫自尽。

二、张衡之死

此人名叫张衡，从隋炀帝当晋王时起就一直追随他。当年隋炀帝登基，他可没少出力。隋文帝临死之前，杨广让亲信武装保卫隋文帝，这个亲信就是张衡。张衡为隋炀帝登基立过大功，隋炀帝上台以后，他也成为隋炀帝的心腹重臣，隋炀帝对他优礼有加。特别值得一提的是，大业三年（607）隋炀帝北巡回来，在路上对张衡说：“朕欲过公宅，可为朕作主人。”我要到你家拜访一下，请你当一回主人，招待我吧。

要知道，古代帝王临幸大臣家乡，那是对大臣莫大的恩宠，隋炀帝这么一表态，张衡当然喜出望外。光临幸还不足以彰显隋炀帝的宠幸，为了临幸张衡老家，隋炀帝还特地修了一条九十里长的道路，一直从太行山通到张衡的家门口。这可把张衡感动坏了，率领全族的老少，杀牛摆酒，诚心款待隋炀帝。张衡老家附近风景优美，隋炀帝一住就是三天。临走的时候还对张衡说，我过去陪着先皇登泰山，途经洛阳，遥望你们这里，就觉得景色特别优美，只可惜当时有公干在身，不能来玩。今天到你家，也算是实现了我的夙愿，谢谢你！临幸之后，还赐给张衡良田三十顷，宝马一匹，绢帛六百段。这样一来，张衡更是感动得无以复加。

既然皇帝如此看重自己，张衡就暗暗发誓，一定要为隋炀帝肝脑涂地。从此之后，给隋炀帝办事更加尽心竭力。

大业四年（608），隋炀帝游幸汾阳宫（故址在今山西宁武），嫌宫殿规模不够大，让张衡主持扩建，还赏赐张衡五百匹绢，这本来是张衡效力邀功的好机会。问题是，这几年之间，张衡眼看着隋炀帝大兴工役，到处建立离宫别馆，老百姓已经吃不消了。现在再扩建汾阳宫，岂不是太过铺张浪费！这样滥用民力、虚耗资材，不利于国家长治久安啊。

张衡觉得，自己既然是隋炀帝的亲信，一旦发现问题，就应该知无不言，言无不尽，这才是对皇帝负责。所以，就找了一个机会，劝谏隋炀帝说：“**比年劳役繁多，百姓疲弊，伏愿留神，稍加抑损。**”这几年总搞工程，老百姓已经很辛苦了，扩建汾阳宫的工作是不是可以先缓一缓，让老百姓稍微休息一下呢？

张衡本来是一番好意，是真把自己当成隋炀帝的心腹才这么说的。然而，隋炀帝可不领情。他觉得，张衡敢这样讲，无非是自以为有功，目无君长，非但没有听从张衡的建议，反倒对张衡心生嫌隙，指着张衡对身边的侍臣说：“**张衡自谓由其计画，令我有天下也。**”张衡还以为我是靠他的谋划才得的天下呢！这明显是对张衡不满了。

从此之后，张衡在他心中的形象也就直线走低，没过多久，隋炀帝就找了一个借口，把张衡贬为榆林太守，把他从身边赶走，省得再听他说那些讨厌的逆耳之言了。

过了一年，也就是大业五年（609），隋炀帝又一次临幸汾阳宫，当时，张衡正在监督老百姓修楼烦城。既然皇帝驾临，张衡赶紧前来谒见。本来，张衡离开身边这么久，隋炀帝也有点想他了，可是，真等张衡来到隋炀帝面前，隋炀帝又生气了。

这是为什么？他发现张衡居然长胖了。长胖了有什么问题呢？按照隋炀帝那种自高自大的想象，他把张衡从身边贬走，张衡应该非常惶恐，人一惶恐就应该吃不下饭，睡不着觉，就应该非常憔悴，又黑又瘦才是。如果张衡真的又黑又瘦，诚惶诚恐，隋炀帝就会原谅他，让他重新回到自己身边。可是现在一看，张衡根本就没有憔悴，反而长胖了，这不就意味着他并没有深刻反省自己的错误，并没把自己放在眼里吗？隋炀帝当然不高兴。

一看之下，隋炀帝也就打消了让张衡回到自己身边的念头，对张衡说："**公甚肥泽，宜且还郡。**"你既然活得这么滋润，那就继续回榆林待着去吧。

张衡回榆林不久，隋炀帝又把他差到江都去监督修建江都宫了。这江都可是隋炀帝时期除大兴城和洛阳城之外的第三个首都，是隋炀帝控制江南的中心，隋炀帝对它非常重视。派张衡去监修江都宫，还算是看重他。可是，就在这个地方，张衡又倒霉了。

当时，负责修建江都宫的宫监非常残暴，逼老百姓干活又严又急，都逼出人命了。既然张衡负责监督这项工程，有人就把这件事写成状子，汇报给张衡，请他主持公道。张衡当时并不愿在江都久留，一心想要回到隋炀帝身边，对这个职务也就稀里糊涂，心不在焉。所以他想也没想，直接就把这个状子交给了宫监。

这行径确实非常恶劣。这不是出卖举报人吗？果然，宫监一看状子，怒从心头起，恶向胆边生，狠狠地报复了举报人。这样一来，举报人对张衡也是恨之入骨。正好，隋炀帝又派了礼部尚书杨玄感到这里来检查工作，这个举报人就向杨玄感喊冤了。

杨玄感是何许人？他是老臣杨素的儿子，杨约的侄子。此人本来就跟张衡有过节。当年张衡当御史大夫的时候，他手下的御史弹劾杨约对隋炀帝心存不满，杨约因此被赶出朝廷，很快就去世了。杨玄感和叔叔杨约感情深厚，所以，对张衡早就有意见。现在看到告状人递来的状子，杨玄感对张衡更添了一重坏印象。

可是，对这些事情，张衡本人不知道。他是人在江湖，心在朝廷，一看朝廷来人，张衡居然产生了他乡遇故知的亲切感，也没怎么寒暄，更没有谈自己的工作，而是劈头来了一句：“薛道衡真为枉死。”薛道衡这书呆子，死得可真冤枉。就这一句话，把张衡给葬送了。

听到张衡口出狂言，杨玄感新仇旧恨一起报，立刻弹劾张衡为罪臣说话，诽谤皇帝。这真让隋炀帝大失所望：你是我的亲信，凡事应该替我考虑。现在你居然带头败坏我的名声，是可忍，孰不可忍！马上下令把张衡拿下，锁到江都的集市上，当众处斩。那么，张衡的事情是不是就到此结束了呢？还没有。

就在千钧一发的时刻，隋炀帝突然心软了，重新下令，把张衡革职为民，放归田里。

按道理讲，既然放归田里，就成了一个普通农民，跟政治再没有关系，也就没有了政治风险。但张衡的霉运还没有到头。他回到家乡之后，广置良田美妾，着实享受了几天快活日子。但是，小妾多了就会争宠，他又未能搞好平衡，把其中的一个小妾得罪了。这个小妾是个厉害角色，大业八年（612），她一纸诉状告到朝廷，诬告张衡怨恨皇帝，诽谤朝政。

大业八年（612），正是隋炀帝第一次征高句丽失败之际，隋炀帝心里正郁闷着，一听到张衡小妾的申诉，更加心头火起，哪管什么是非曲直，也不派人细细追究，干脆下令让张衡自尽。一代功臣就这样死于非命。

那么，应该怎么评价张衡之死呢？平心而论，张衡死得太冤枉了。虽然张衡和高颎等人都是因为讪谤朝廷的罪名被处死，但是，张衡和高颎又有极大的不同。高颎等三人都是隋文帝时代的老臣，确确实实从内心深处不大看得起隋炀帝。因此，他们有了意见之后，并不当面提，而是背后嘀嘀咕咕，这其实不是建设性的态度。

张衡则不然。他本来就是隋炀帝的心腹，对隋炀帝忠心耿耿。正因为如此，他才对隋炀帝知无不言、言无不尽，有问题直接讲出来，这无非是希望皇帝越做越好。可是，隋炀帝连这样的逆耳忠言也听不进去，甚至把这样的忠臣除掉，这其实反映出他在统治心理上的重大欠缺。《唐鉴》说得好：“**国将兴必赏谏臣，国将亡必杀谏臣。**”赏谏官的国家才会兴盛，杀谏官的国家定会灭亡。对于不同意见的态度，直接关系到国运的兴衰。隋炀帝这样一意孤行，文过饰非，对于国家的发展而言，当然非常不利。

就这样，猜忌成性、不能纳谏的隋炀帝，先除掉了功高震主的杨素，接着又除掉了代表文帝政治路线的老臣高颎、贺若弼、宇文弼，进而消灭了并无威胁的书呆子薛道衡，最后，连忠心耿耿的张衡也容不下了。他这样一路厮杀，似乎是什么人都不能放心，什么意见也都听不进去。

那么，隋炀帝到底要用什么样的人？

第十三章 朝廷五贵

隋炀帝刚愎自用，权力意志极强，不仅容不下元老重臣，甚至对提出不同意见的心腹，都会痛下杀手。但作为大隋王朝的皇帝，他又不能单枪匹马去治理天下，无论如何总还需要宰相辅佐，大臣协理。隋炀帝这样乾纲独断的皇帝，喜欢什么样的下属？他有着怎样的用人风格？这样的用人思路，对隋朝又会产生怎样的影响？

一、前期宰相

要讲隋炀帝的用人风格，当然是看宰相队伍最有代表性。隋炀帝都用什么人当宰相？这在他的统治前期和中后期是相当不一样的。

隋朝建立了三省制，三省长官就是宰相。隋炀帝初年，三省长官是如下几位。

第一，尚书令杨素，他是拥立隋炀帝的大功臣，也是关陇贵族集团的代表。

第二，尚书右仆射苏威，他是隋文帝时代的老大臣，也是关陇贵族。

第三，内史令杨约，他是杨素的弟弟，出身关陇贵族。

第四，内史令萧琮，他是隋炀帝的大舅子，也是原来江陵萧梁政权的皇帝。

第五，门下纳言杨文思，他是杨素的从叔，出身关陇贵族。

第六，门下纳言杨达，他是隋文帝初年四贵之一杨雄的弟弟。出身皇族，也是关陇贵族集团成员。他还有一个身份，是大周女皇武则天的曾外祖父。

这六个人构成了隋炀帝初年的宰相集团。这个宰相集团，有三个特点不容忽视。

第一，关陇贵族集团占主体地位，除了萧琮之外，其他五位全都是关陇集团的成员。

第二，杨素家族的势力极其强大，六位宰相之中，杨素家族占了三个。这当然是因为杨素在隋炀帝登基的过程中贡献巨大，一人得道，鸡犬升天。

第三，皇亲国戚多。六位宰相中，有两个是皇亲国戚，一位是皇帝的宗亲杨达，另一位则是皇后的哥哥萧琮。这两个人当宰相，恐怕是为了平衡杨素势力，增强皇帝方面的力量。

这个宰相班子是否合理呢？当然不合理。

第一，代表面太窄了。隋朝的疆域由之前关中的北周、关东的北齐和江南的陈朝三部分组成，宰相集团也应该容纳三方面的代表才合理。而这个宰相班子几乎由关陇贵族集团一统天下，过于狭隘，当然不利于国家的发展。

第二，杨素家族势力过于强大，有震主之嫌。杨素为隋炀帝登基立下汗马功劳，杨氏一门也在新政权中占据了主导地位。但是，这样一来，难免会形成君弱臣强的局面，对皇权发展不利。

第三，皇亲国戚势力太大，也在一定程度上形成了对皇帝的压迫。皇亲国戚虽然比一般大臣跟皇帝亲近，但是，也并不安全。因为他们的身份本来就已经非常尊贵，再有了政治权力，就会愈发不好控制。历史上宗室作乱、外戚篡权的事情比比皆是，隋文帝杨坚当年就是以外戚的身份夺取的北周天下。殷鉴不远，隋炀帝当然不会忘记。

综合几条弊端可以看出，这个政府班子很难让人满意。隋炀帝是个雄才大略的皇帝，从国家的角度讲，他要建立一个东西南北平衡发展的大帝国，当然不满意于一个只代表关陇地区利益的政府；从个人的角度讲，他要当一个全面贯彻自己意志的强势皇帝，当然不允许大臣无论是功臣还是亲戚凌驾于自己之上。这样看来，这个宰相班子肯定得改。

怎么改呢？既然杨素家族势力最大，那就先拿杨素开刀。大业二年（606），隋炀帝逼死杨素，杨约受到连累被免官，不久也死去了。而杨文思当时已经年近七十，年老体弱，本来就不怎么真正管事。杨素死后没多久，他也去世了，这样一来，杨素家族的势力被清除殆尽，六位宰相也就少了三个。

另外三个人也都没待长久。

苏威在大业三年（607）受到高颎的连累，免官回家了。

杨达深知隋炀帝猜忌，所以一直低调做人，在朝廷里很少说话，后来干脆转为武职，远离了权力核心。

萧琮本来当过西梁的皇帝，算是亡国之君，又是隋炀帝的大舅子，这两个身份都很微妙，所以更是小心谨慎，上班不说话，下班就喝酒念佛，从不妄言妄行。按说，这样一个人应该能保平安了吧？还是不行。萧琮为人孤傲，一般人难入他的法眼，可他偏偏跟名将贺若弼要好。大业三年（607）贺若弼因为议论朝政被杀，萧琮马上受到了猜忌。正在这时，又传出了一个童谣，没头没脑，就唱“萧萧亦复起”，隋炀帝一听难免猜测，这是不是说萧梁又要复兴？童谣这种事情，宁可信其有，不可信其无，干脆把萧琮免了官，让他回家，不久他也病死家中。

就这样，大业初年的六位宰相死的死，废的废，走的走，很快都离开了宰相岗位，关陇贵族集团也大受打击。那么，谁来顶替他们的职位呢？大业中后期，隋炀帝又组织起一个新的宰相班子，这个班子在当时有一个称号，叫作“五贵”。

二、朝廷五贵

所谓“五贵”，顾名思义，是个五人组合：纳言苏威、左翊卫大将军宇文述、内史侍郎虞世基、御史大夫裴蕴、黄门侍郎裴矩。

这五个人都是何许人？一个个来介绍。

先看苏威。大业三年（607），苏威不是被革职为民了吗？此刻，他又东山再起了。其实，要说苏威东山再起，这可不是第一次。苏威当年给隋文帝当宰相，就曾经两起两落。到了隋炀帝手下仍是如此，是个政坛不倒翁。苏威到底有何德何能，怎么就能侍奉隋文帝和隋炀帝这两代猜忌的皇帝，始终立于不败之地？两个原因不容忽视。

第一，苏威是苏绰的儿子，也是关陇集团中汉人吏治派的代表。苏威的爸爸苏绰可不是凡人，当年草拟“六条诏书”，帮西魏和北周政权建立了基本的政治规范。这样的背景对苏威至关重要。要知道，隋朝脱胎于西魏、北周，政治文化一脉相承，所以苏绰的功劳直至隋朝依然受到重视。让苏绰的儿子在隋朝当宰相，本身就是继承关陇集团政治路线的一种姿态。这是苏威的第一个优势。

第二，苏威比较柔顺。苏威这个人有特点，小事好争，大事不敢争。跟同僚好争，跟皇帝不敢争。简而言之，是一个怕死、惜命的人。这一点，从他的个人经历可以看得清清楚楚。当年，北周宇文护专权的时候，他不赞同，但是也不敢反对，结果上山隐居了。接着，隋文帝要篡夺北周的皇位，他心里赞同，但是不敢公开表态，又临阵脱逃了。后来在隋文帝手下当宰相，每次一遇到皇帝真生气，苏威的表现都是“免冠顿首”，把帽子摘掉，趴下来就磕头，无论是非，谢罪了事。现在到了隋炀帝手下，隋炀帝又因为他上谏免了他的官，苏威还是诚惶诚恐，以此换取隋炀帝的原谅。

这样的人，站在道德制高点来讲，当然可以说他是软骨头、没原则，但是从比较持平的角度看，也就是一个既想在政治上有所作为，但又胆小怕事的人。这样的人其实很容易控制，也很好用。一个老大臣，既能体现政治的延续性，又能保证在大事上遵从皇帝决策，还有什么理由不予以保留呢？

再看宇文述。宇文述也出身于关陇贵族集团。杨广当晋王的时候，他就跟随左右。当年，杨广想当太子，拉拢杨素的主意就是他出的，跟杨约赌博也是他去赌的，因此算是隋炀帝的大功臣。按理说，功臣容易受猜忌，杨素就是最好的例证。宇文述怎么就能受到隋炀帝的信任呢？原因有三。

第一，宇文述从本质上讲还是一介武夫。虽然也会使些心机，但是，那都是些权谋小术，要论文韬武略，他比杨素可差远了。能力不行，自然威胁也小。作为功臣，他跟皇帝天然地亲近，但又不让皇帝感受到威胁，这样的人，皇帝自然喜欢。

第二，宇文述听话乖巧。既然不以谋略见长，宇文述干脆就全听隋炀帝的。甚至听话到盲从的程度。按照《隋书·宇文述传》的说法，就是“君所谓可，亦曰可焉，君所谓不，亦曰不焉。无所是非，不能轻重。”隋炀帝说什么事行，他就跟着说行，隋炀帝说什么事不行，他也跟着说不行，反正一切以隋炀帝为准，从来不提出自己的意见和建议，也从不费心去权衡任何事情的利弊。这对于喜欢乾纲独断的隋炀帝来讲，可算是难得的美德。

第三，心灵手巧，投其所好。隋炀帝喜欢什么？除了喜欢权力、喜欢排场之外，他还喜欢技术。比如说，之前屡次提到的能够拆卸组合的观风行殿，隋炀帝就非常喜欢，走到哪里带到哪里。这些东西，纯粹的中原儒家士大夫是不屑一顾的，一律视为奇技淫巧，但是，宇文述出身鲜卑族，在这一点上倒和隋炀帝颇为一致。

按照《隋书·宇文述传》的记载，他“凡有所装饰，皆出人意表。数以奇服异物进献宫掖，由是帝弥悦焉”。他自己整天就琢磨什么奇装异服好看，今天这儿改改，明天那儿修修，一定要跟一般人不一样。他不仅把自己打扮得光鲜亮丽，与众不同，还经常把他设计发明的一些奇装异服和装饰品进献给隋炀帝，隋炀帝因此非常喜欢他。

既是功臣，又顺从，还能投皇帝所好，隋炀帝对宇文述满意得不得了，甚至把自己的女儿南阳公主嫁给了宇文述的儿子宇文士及，两个人又成了亲家。有这样的恩宠，宇文述也就顺理成章地成了宰相，而且还是宰相之中最受宠幸的那一个。

第三个，黄门侍郎裴矩。此人前面讲过，在帮助隋炀帝开拓西域方面功勋卓著。这个人为什么能当宰相？也有两个原因。

首先，此人出身北齐，能代表东部地区的势力。

其次，这个人是边疆和民族问题专家，在开疆拓土方面和隋炀帝高度一致。

隋炀帝曾经表扬他说：“裴矩大识朕意，凡所陈奏，皆朕之成算。未发之顷，矩辄以闻。自非奉国用心，孰能若是？”裴矩总能跟我想到一块儿，若是有什么事我在脑子里盘旋良久，就差说出来了，裴矩准能在这个时候把相关的表章送到我面前，简直是心有灵犀。为什么我们君臣能这么高度一致？就是因为裴矩奉公体国，有一颗忠君爱国之心。

这样一个既有地域代表性，又能在具体问题上呼应隋炀帝的人，当然也是隋炀帝眼中宰相的合适人选。

第四个，内史侍郎虞世基。虞世基是江南人士，也是个著名的才子。文章出众，兼工草隶，当年在陈朝号称“南金之贵”。后来由陈入隋，凭借出众的文采崭露头角。此人为什么能当宰相？有两个理由。

首先，他出身南方，有地域代表性。

其次，他文采斐然，是个好秘书。

举个例子。《隋书·虞世基传》记载：“四方表奏日有百数。帝方凝重，事不庭决，入閤之后，始召世基口授节度。世基至省，方为敕书，日且百纸，无所遗谬。”这段话其实讲了隋朝的行政决策过程。按照行政程序，四方都要给隋炀帝奏事，每天的表奏都有一百多份。隋炀帝是一个老成持重的人，不愿意当场做出决定，而是把这些表奏接过来，然后退到后殿去思考，再口授处理意见。他口授的对象就是虞世基。虞世基听完隋炀帝的口授之后，再到他所在的内史省把这些意见写出来。一天写了一百多份，从来没出过差错，也没有遗漏任何一份，每份意见都忠实地体现了隋炀帝的意思。

这不是难得的秘书吗？这样的人，既能代表江南人物，又善于以秘书的身份领会贯彻皇帝意图，当然也是不可多得的人才。

第五个，御史大夫裴蕴。裴蕴又是何许人？这个人的经历非同凡响，可以说是隋朝最高级的特工。

说起来，裴蕴和裴矩是一家子，都是河东裴氏出身。但是，在南北朝战乱时期，裴蕴的祖辈都到了南方，在梁朝和陈朝做官。后来，北周和陈朝打仗，他父亲又被北周俘虏了，成了北周的官员，再后来，北周变成了隋，裴蕴的父亲也就成了隋朝的大臣。父亲已经在北方做官，而裴蕴还留在江南，当陈朝的官员。在这种情况下，裴蕴怎么选择自己的立场呢？

裴蕴是个聪明人，他看出来了，陈朝总有一天会被隋朝吃掉！想来想去，裴蕴通过他父亲和隋文帝搭上了关系，愿意给隋朝当内应。要知道，裴蕴在陈朝可是直阁将军，这是负责皇帝贴身守卫的官员，对陈后主的情况了如指掌。这就等于把间谍工作做到了陈后主的鼻子底下，陈朝岂有不灭之理！后来隋朝打陈朝顺风顺水，和裴蕴的情报工作有很大关系。既然立了这么大的功劳，隋朝当然要对裴蕴有所回报。

陈朝灭亡以后，隋文帝亲自检视陈朝官员名单，一般官员都降级使用，但到了裴蕴，非但没有降级，反倒给了他一个仪同三司的散官。这样的任命显得不合情理，所以当时的宰相高颎马上就提意见了，说：“**裴蕴无功于国，宠逾伦辈，臣未见其可。**”裴蕴这个人没有什么功劳，您为什么给他这么高的官？他怎么就比那些同僚的官都大呢？我看不出有什么道理。

隋文帝听完微微一笑，说：你觉得给他的官太大了吗？这样吧，改为上仪同。这上仪同可不是降级，而是又提高了一级。高颎急了，再次上谏。隋文帝又说：既然宰相不同意，那就加开府吧。又提了一级。一看隋文帝这么强硬，高颎摸不着头脑，再也不敢说话了。

就这样，裴蕴当天就拜为开府仪同三司。要知道，开府仪同三司是一品官，这也是隋朝文散官的最高官阶了。

这件事说明什么问题？除了说明裴蕴的贡献特别大之外，还说明裴蕴这个特工级别特别高，直接对皇帝负责，连高颎这样的人物都被蒙在鼓里。

裴蕴为什么能当宰相？这段光荣史倒不见得是最重要的原因，他最重要的优点有两个。

第一，办事能力强。进入隋朝后，裴蕴接连担任地方刺史，到任何一地，都有成绩，声望很好。

第二，擅长揣摩隋炀帝的心思。举一个例子。当时，高颎在隋炀帝手下当太常卿，裴蕴给高颎当副手，做太常少卿。他觉得，隋炀帝爱热闹，讲排场，好大喜功，自己所在的部门应该能够做出贡献。

怎么贡献呢？他越过自己的长官高颎，上书隋炀帝，建议征调已经遣散的北周、北齐和陈朝的乐工，同时到民间征集百戏，共同繁荣隋朝的文艺。

这个建议立刻受到隋炀帝的重视，责令高颎落实，结果高颎不同意这么做，还给隋炀帝上谏，惹恼了隋炀帝，也为他日后被杀埋下了伏笔，而裴蕴则是恰恰相反，从此步步高升。

就从这一件事，已经可以看出裴蕴体察皇帝心思的能力来了。这样的人，当然也是隋炀帝眼中的理想大臣。

三、五贵乱政

总结一下这“五贵”的共性，有四个方面值得注意。

第一，他们的代表面很广。其中，苏威和宇文述代表关中势力，裴矩代表山东势力，裴蕴和虞世基则代表江南势力。帝国的三个组成部分全都有了自己的代表人物。特别是江南地区，在整个国家政治生活中的重要性显著增长。这和隋炀帝初年的宰相班子有了很大区别。

第二，他们都是兼职宰相，地位相对比较低。什么叫兼职宰相？按照隋朝的制度，所谓宰相，应该是三省长官。也就是尚书令（包括尚书仆射）、内史令、门下纳言这一类的官员。隋炀帝初期的几个宰相，都是三省长官。但是，“五贵”就不一样了。

除了苏威是门下纳言以外，其余四个人，左翊卫大将军宇文述、内史侍郎虞世基、黄门侍郎裴矩、御史大夫裴蕴，没有一个是三省正长官。其中，内史侍郎虞世基和黄门侍郎裴矩虽然品级不够，但至少还是三省官员，而左翊卫大将军宇文述、御史大夫裴蕴甚至连三省官员都不是，这可就大大突破隋朝初年建立的宰相制度了。

这些人基本都不是三省长官，为什么还能被视为宰相？因为隋炀帝给了他们一个头衔，叫“参与朝政”。意思是说，他们原来的官职不变，但是，多了一个参与朝政的兼职。这参与朝政算什么？既不是正式名号，也没有任何品级，只是隋炀帝的一个口头任命，临时差遣。

这样一来，“五贵”的身份可就降低了不少。他们的权力不是来自正规的制度，而是来自隋炀帝的个人赏识，所以，他们的地位就大打折扣了。

第三，他们都很柔顺。几个宰相各有各的特点，但有一个特点是有共性的，那就是柔顺。按照《隋书·宇文述传》的说法，就是“以水济水，如脂如韦”。这些人像水一样柔和，像油脂一样顺滑，皇帝说什么，他们就听什么，绝不提不同意见。

第四，他们都是专家型的官员。其中，苏威是活字典，行政专家；裴矩是民族问题专家，外交家；虞世基是最优秀的秘书；裴蕴是法律专家；宇文述军事能力过硬，在技术方面也颇有造诣。这些人在各自领域都有建树，但是，正因为太专了，他们统领全局的能力不够，方向感不强。

明白了“五贵”的特点，也就不难理解隋炀帝为什么要任用这些人当宰相了。任用这五个人，就是在解决隋炀帝初年宰相人选的两大问题。

第一，宰相代表面过窄问题。这次已经有了圆满的解决，大隋王朝终于摆脱了地域狭隘性，成长为货真价实的全国性政权了，从这个角度讲，隋炀帝用人的眼界和心胸还是相当开阔的。

第二，皇帝权威不足的问题，这下也解决了。新任命的“五贵”，以兼职宰相为主，性格柔顺，而且都是专家型官员，统领全局的能力不足。这样一来，宰相的势力减弱，就失去了制约皇帝的能力，皇帝的权威也就不会受到任何挑战了。

隋炀帝这样选择宰相，到底对不对呢？很难做出非黑即白的评价。因为它解决了两大问题，又增加了两个新问题。

第一，这个新的宰相班子，势力太过软弱了，根本无法发挥宰相的应有职能。所谓宰相，应该是能够在道德上劝谏皇帝，在政治上辅佐皇帝的人物，这才叫股肱之臣。“五贵”能不能承担这样的职责？完全不能。他们是兼职宰相，身份不明；他们性格柔顺，谏诤精神不足；他们还是专家型官员，不擅长统领全局。这样一来，他们就只能是简简单单地听命于皇帝，替皇帝办事，这可就和宰相的辅弼职责相去甚远了。

隋炀帝本身是一个刚愎自用的人，本来就存在严重的急功近利、滥用权力等问题。这样的皇帝，其实需要有效的宰相机制加以制约。但是，到“五贵”时代，因为他们自身能量不足，这种制约作用当然要大打折扣，这对于政治的良性发展当然不利。

这几个宰相的个人品格不高，根本无法发挥朝廷表率的作用。举几个例子。在“五贵”之中，最受隋炀帝信任的是功臣宇文述，其次是秘书虞世基。可是，恰恰就是这两个人，都以贪婪著称。不过，他们贪婪的表现形式不一样。宇文述贪婪的表现是认儿子，虞世基贪婪的表现是怕老婆。

先看宇文述。根据《隋书·宇文述传》的记载，宇文述没事就喜欢认有钱人当干儿子。当时什么人有钱？商人有钱，胡商更有钱。这些人有钱，但是社会地位低，非常希望在朝廷找个靠山。而宇文述在朝廷能说上话，但是手里的钱却不太够用。这样一来，两方面算是一拍即合。胡商为了能得到好处，纷纷巴结宇文述，送给他金银珠宝，管他叫干爹。而宇文述也是来者不拒，到处认干儿子，收保护费。这不是官商勾结吗？

这还不算，如果遇到更有钱的，宇文述还可以再降一辈，直接管人家叫哥哥。他管谁叫哥哥？废太子杨勇的老丈人。杨勇当初之所以被废，一个很重要的原因就是他宠幸一个姓云的姑娘。这位云姑娘的爸爸叫云定兴，在杨勇当太子的时候没少捞到好处，家里攒了不少宝贝。后来杨勇倒台，云定兴受到连累，被革职为民。云定兴是个不甘寂寞的人，总想着东山再起。怎样才能实现梦想呢？他就把自己积攒的那些宝贝都孝敬给了宇文述。

宇文述和云定兴本来处于政治上的对立面，但是，两个人都没什么廉耻心，所以，谁也没觉得有什么不妥。云定兴敢送，宇文述也敢收。而且收了之后眉开眼笑，马上就张口管云定兴叫哥哥，还保举他一路高升，一直当到左屯卫大将军。这不就是有钱能使鬼推磨吗？

再看虞世基。虞世基最大的问题是怕老婆。怕老婆跟贪婪有什么关系呢？虞世基贪婪，很大程度上是因为他的夫人孙氏。这位孙夫人以前嫁过一个人，这人死了之后才跟虞世基结婚。

别看不是结发夫妻，但是，孙夫人又风流又放荡，别有一番情趣，虞世基很快就被她迷住了，心甘情愿地供养她，过奢侈浮华的生活。问题是，虽然虞世基是宰相，但工资总有数，日子过得太奢侈，他也支撑不起。

怎么办呢？孙夫人干脆自己创收了。她跟前夫生了一个儿子，名叫夏侯俨，这时候年纪也不小了，孙夫人就让夏侯俨打着虞世基的名号到处招权纳贿，卖官鬻爵。这样一来，虞世基家里门庭若市，金宝堆积，财政赤字问题也就解决了。这当然不是正道。有道是上行下效，宰相带头受贿，朝廷自然也就腐败成风，小人当道。

皇帝好大喜功，滥用民力，宰相再招权纳贿，不能匡扶，这国家不就往更危险的方向走了吗？那么，隋朝还会遇到什么问题呢？

第十四章 太子风波

隋炀帝想当一个有政治成就的皇帝，但是他既没有虚心纳谏的胸怀，也没有任人唯贤的眼光。在他的一意孤行下，表面风光的大隋王朝，实则隐藏着各种危机。这危机，既表现在国家政治上，也表现在家庭关系上。

中国古代皇帝家国一体，立储是关系到国家长治久安的大事，但隋炀帝一直到死，都没能确立一个太子。这里面又有着怎样的曲折故事？

一、元德之死

中国有句俗话叫“家和万事兴”。这句话，说起来容易，做起来难。隋文帝生性猜忌，总觉得儿子要谋反，今天除掉这个，明天除掉那个，开始是“**五子同母**”，最后却只剩下隋炀帝一根独苗。

隋文帝废长立幼，猜忌骨肉，让隋朝付出了很大代价，隋炀帝会不会吸取教训，好好处理家庭关系？事实证明，隋炀帝在这个问题上也没能高明到哪里去。如果说隋文帝最大的问题是更换太子，那么，隋炀帝的问题则更严重，他一直到死，都没有立一个真正的太子。

要说隋炀帝的家庭关系，还得先来了解一下隋炀帝儿女的基本情况。很多人知道，风流天子唐明皇有三十个儿子，三十个女儿。按照各种小说的说法，隋炀帝更是风流成性，应该有更多的儿女吧？其实并不是。隋炀帝活到成年的儿子一共有三个，女儿的情况不是十分清楚，在历史上留下记载的有两个。一般说来，女儿跟宫廷的权力争夺关系不大，姑且不论，先看这三个儿子的情况。

三个儿子中，老大叫杨昭，生于开皇四年（584）；老二叫杨暕，生于开皇五年（585），都是萧皇后所生；老三叫杨杲，生于大业三年（607），是萧嫔所生。这个萧嫔到底是何许人，史书记载不清晰，但是，一般都认为和萧皇后有很近的亲属关系。

这样看来，在家庭问题上，隋炀帝其实是相当严肃的，基本算是秉持了父亲隋文帝的风格，对皇后非常忠诚。虽然还做不到三子同母，但是，绝不像小说所讲的那样淫乱。恰恰相反，他的家庭结构简单清晰，不存在后妃争宠、诸子争权的问题。这对于挑选接班人，还是非常有利的。

隋炀帝大业元年（605），大儿子杨昭因为是嫡长子，顺理成章地被立为皇太子。这个皇太子品性如何呢？一言以蔽之，非常优秀。比隋文帝的嫡长子杨勇靠谱多了。这位太子有三大优点。

第一，生活简朴。杨昭因为是隋炀帝的长子，很受祖父母隋文帝和独孤皇后的宠爱，从小就被抱到他们身边抚养。在他们的言传身教下，杨昭倒是颇有祖父母的风范。虽然贵为太子，每次用膳，都是一两个菜就解决问题，被褥、床帐也都极其简朴，跟隋炀帝没当太子的时候差不多。

第二，为人忠厚。有一个事例被记载在史书之中，让人印象深刻。杨昭三岁的时候，有一次在玄武门玩石狮子。正好爷爷奶奶，也就是隋文帝夫妇来看他。若是在平时，小杨昭看见爷爷奶奶，早就跑过去行礼了，可是这天，他却低下头，回避了。为什么呢？原来是那天隋文帝犯了腰疼的毛病，走路的时候就把手搭在独孤皇后的肩膀上，杨昭觉得这个举动过于亲热，他就依据非礼勿视的原则，回避了。

问题是，杨昭当时才三岁，连隋文帝夫妇都没想到他会有这么复杂的思想，这么高的精神境界，所以没当回事，继续勾肩搭背地在出现在他面前。可是，每次只要他们一进入杨昭的视线，杨昭马上眼观鼻，鼻观口，坚决不正视。

这样几次之后，隋文帝终于明白了，孙子这么小，居然就知道非礼勿视，这是多么规矩的孩子啊！隋文帝禁不住感慨道：“**天生长者，谁复教乎！**”我这孙子，生下来就是个忠厚长者，这可不是大人能教会的！

再举一个例子。一般老人家不都喜欢逗小男孩，说给他娶媳妇吗？北方还有一首儿歌说：“小小子，坐门墩，哭着闹着要媳妇。”隋文帝虽然贵为天子，但是爱孙子的心情和一般老百姓并没什么区别。

有一次，隋文帝也逗杨昭，说要给他娶媳妇。没想到杨昭一听，马上哭了。隋文帝大惑不解，赶紧问他为什么。杨昭回答说：“**汉王未婚时，恒在至尊所，一朝娶妇，便则出外。惧将违离，是以啼耳。**”汉王杨谅叔叔没结婚的时候，一直都待在爷爷奶奶身边，可是，一旦娶了媳妇，立马就让他出去住了。我怕娶媳妇就要离开爷爷奶奶，所以才哭呀！

这么一说，又把隋文帝夫妇感动得无以复加，觉得这孩子真是天生孝顺。

俗话说三岁看大，七岁看老，杨昭长大之后并没有蜕化变质，还继续保持着忠厚孝顺的本性。他太子府里的官员，如果家里有老爹老娘，杨昭一定会亲自拜访，过年过节还有额外赏赐。

第三，性格谦和。根据史书记载，杨昭从来不会跟人发脾气，他手下人犯了再大的错，他顶多说一句“大不是”也就罢了，至于骂人打人，根本不会。

这样的太子好不好？真是挑不出错来。仁爱温和，特别适合当守成之主。隋炀帝对他也是满怀期望。只可惜，这个太子有一个大毛病，身体不好。按照史书记载，杨昭长得特别胖，人一胖就容易得心脑血管疾病。杨昭也确实有这方面的问题，所以，最怕骤起骤降。俗话说怕什么来什么，太子杨昭居然就死在了这个骤起骤降上。

隋炀帝喜欢到处巡游，基本不在大兴城待着。他出去的时候，太子杨昭就留在大兴城监国，但是，逢年过节，总要到隋炀帝驻跸的地方朝拜。

大业二年（606），隋炀帝出巡洛阳，杨昭又从大兴城赶来朝拜了。朝拜之后，就要回大兴城。杨昭孝顺，不舍得离开爸爸，所以，到了要走的时候，就恳求爸爸，希望再多陪侍父母几天。

然而隋炀帝是英雄天子，对这套儿女情长不感兴趣，当场就拒绝了。

隋炀帝拒绝，杨昭就反复恳求，按照当时的礼节，反复恳求就要反复跪拜，这样连跪带磕头，引发心脑血管疾病了，没过几天，一命呜呼，享年二十三岁。一个好太子就这样没了。谥为元德太子。

二、齐王犯错

太子死了，按道理讲，就得再立一个新太子。不过，虽然隋炀帝还有两个儿子，但是，小儿子杨杲就生于大业三年（607），换句话说，元德太子死的时候，他还没出生。再说，即使他已经生了下来也没用，因为他的母亲是萧嫔，不是皇后。

这样一来，候选人就只剩下一个老二齐王杨暕了，无论是论嫡还是论长，他都是唯一人选，不存悬念。齐王杨暕从小长得眉清目秀，又涉猎经史，工于骑射，也算是能文能武，所以也深得隋炀帝喜爱。而且，年龄只比元德太子小一岁，是个成年人了，由他来当太子，并没有任何争议。

事实上，隋炀帝也是这么安排的。就在元德太子死后，隋炀帝立刻就把原来元德太子的僚属两万多人都转到了齐王杨暕的名下，而且，还郑重其事地任命了一个叫柳謇之的人当齐王府长史。

柳謇之是何许人？此人简直就是大隋帝国的面子。长得高大英俊，喝酒一石不醉，而且喝得越多，谈吐越风雅有趣。这样的人真是天生的外交官，所以，隋朝无论是跟江南的陈朝打交道，还是跟北方突厥、吐谷浑打交道，柳謇之都是使者，给隋朝做足了脸面。更难得的是，这样一个风流倜傥的人还非常急公好义，每次出使回来，得到的赏赐全都散给宗族，自己家徒四壁也不以为意。这样一来，柳謇之简直就成了天下人的偶像。

现在，隋炀帝让这么一个偶像级别的人物给齐王杨暕当长史，无疑是想进一步提升齐王的人气。由此也可以看出隋炀帝对齐王的用心。皇帝表态都这么明确了，大臣当然也不甘落后，前来拜访的络绎不绝，齐王府天天门庭若市。自己巴结还不算，大臣们还纷纷把自己的子弟送到齐王府里做事，谁都觉得，今天的齐王，就是明天的太子，后天的皇帝，不预先巴结行吗？

不过，有的时候，越是笃定的事就越有风险。表面上看来，让齐王杨暕当太子的决定简直呼之欲出，可事实上，这个任命最后是无限期推迟了。为什么？因为齐王杨暕也觉得自己是太子的不二人选，缺乏危机意识，所以并没有刻意表现自己。恰恰相反，他在考察期的表现糟糕透顶。有三件事让隋炀帝大为恼火。

第一件事，纵情声色，骚扰百姓。隋炀帝不是特意挑选了偶像派大臣柳謇之给齐王杨暕当长史吗？不料，天下人都喜欢柳謇之，唯独齐王不喜欢。齐王觉得，柳謇之太正派了，不好玩。所以，干脆把柳謇之晾到一边，自己选了几个情投意合的大臣，让他们四处寻找声色犬马。

这些大臣哪是什么好人？得了齐王的命令，马上就拉大旗作虎皮，为非作歹了。齐王让他们选美人，他们就在京城四处打听，知道谁家有漂亮女儿，马上找上门去，不容分说，直接拉到齐王府第，肆行奸淫。扣留几天之后，他们玩够了，再给送回去，这不是害人吗？

另外，当时隋朝和西域通商，齐王知道西域产宝马，就让手下的喽啰到陇西给他弄几匹名马。这些喽啰才不会正正经经做买卖。他们到了陇西就把当地胡人酋长都拘押起来，严刑拷打，逼着人家拿出最好的马来给齐王送礼。这样弄来的马连齐王杨暕自己都觉得来路过于不正，不好意思收，让他们再给送回去。这些人会不会依令而行呢？已经吃进嘴里的肉，他们才不会再吐出来。齐王不要，他们干脆拉到自己家里，谎称是齐王所赐，直接昧下了。这样一来二去，齐王的名声可就不好了，京城也罢，边地也罢，到处都风传齐王的丑事，传到隋炀帝耳朵里，隋炀帝当然生气。

第二件事，齐王不仅骚扰百姓，还跟爸爸隋炀帝争起了美女。这件事的来龙去脉，还得从乐平公主说起。

乐平公主杨丽华，是隋炀帝的大姐，也是北周的太后。当年，隋文帝杨坚取代北周，杨太后重新回到娘家，被封为乐平公主。俗话说人在屋檐下，怎敢不低头。乐平公主回到娘家，也得讨好自己的弟弟隋炀帝。有一次，乐平公主访到了一个姓柳的美女，觉得倾国倾城，就跟隋炀帝大力推荐，建议他纳入后宫，收为妃子。无奈隋炀帝雄才大略，对建功立业的热情远高于对美女的热情，所以并没给乐平公主正式答复。久而久之，乐平公主见隋炀帝再也不提这件事，以为他就不要了。

然而这柳家姑娘太美了，简直就是为宫廷而生的，如果不进宫都辜负了这番品貌。怎么办？既然皇帝不要，那就把她送给未来的皇帝吧。于是，乐平公主又把这位柳姑娘推荐给了侄子齐王杨暕。杨暕好色，平时还派人到处搜罗美女呢，这送上门来的岂能不要？当即就笑纳了。

本来这件事至此就算结束了。没想到，又过了一段时间，隋炀帝又想起这位柳姑娘来了，就问姐姐乐平公主，柳姑娘现在在哪里？意思是让她入宫。这下乐平公主可尴尬了，只好说，以为陛下不要，已经在齐王那里了。隋炀帝什么反应？按照史书的记载，“帝不悦”。这不高兴里面，可包含着不少因素。

第一，这说明齐王迷恋女色，这本身就不是未来的太子应该表现出来的品性。

第二，虽然隋炀帝并没有纳柳姑娘为妃，但在心里，他已经把柳姑娘当成自己的人了。一个做儿子的，居然敢动爸爸的禁脔，真是大逆不道！

可能有读者会觉得齐王很无辜，他怎么会知道这件事的前因后果？的确，他并非明知故犯。但是，他也并不无辜。要知道，他可是一个正在考验期的王子，在这种时刻，做任何事情都应该小心翼翼，多考虑几个来回。比如，他应该问问姑姑，这个姑娘既然如此美貌，为什么不送给父皇？如果他多问这么一句，乐平公主肯定会告诉他来龙去脉，那他就应该避嫌，绝不打这个姑娘的主意。但是，他没有问清楚，更没有避嫌。这说明什么问题？说明他太放肆了，根本没把爸爸放在眼里。既然如此，隋炀帝生气也就在情理之中了。

第三件事，和隋炀帝争猎物。就在柳美女事件过去之后不久，杨暕跟随隋炀帝一起巡游汾阳宫。皇帝父子一起打猎，自然要做些安排。隋炀帝让杨暕先率领一千骑兵把猎物围起来，好瓮中捉鳖。杨暕领命而去，也确实把猎物给围起来了。围起来之后呢，他就把爸爸晾到一边，自己开始纵情追赶起猎物来。

杨暕工于骑射，是个好猎手，所以，一会儿工夫，就打到不少麋鹿。这让他得意非凡，赶紧派人把猎物送到隋炀帝面前表功。

眼看着儿子送来这么多猎物，隋炀帝气不打一处来，因为他还一头猎物都没打到呢。这风头被儿子抢了去，让隋炀帝很没面子。又不好明说，只能责怪身边跟从的人不好好打。

跟从的人一肚子委屈地说，我们也想好好打啊，问题是，野兽都被齐王手下那帮人挡住了，根本过不到咱们这边来，巧妇难为无米之炊呀！

这样一来，隋炀帝对这个儿子更不待见了。

走笔至此，不禁想起了清朝咸丰皇帝的故事。咸丰是道光的四儿子，当时道光皇帝有两个儿子都表现不错，很有当太子的潜质。一个是后来的咸丰皇帝奕詝，另一个则是老六奕訢。

道光怎么考察这两个儿子呢？他也是带着他们哥俩去打猎。打猎之前，奕詝的老师就悄悄对咸丰说：真论打猎，你不是六阿哥的对手。所以，你干脆一个也别打，两手空空地回来。如果皇上问起你原因，你就说，春天万物生长，你不忍心杀生。奕詝依计而行。结果，打了一圈下来，奕訢满载而归，奕詝两手空空。道光很诧异，奕詝再不能干，也不至于到这个地步吧？就问他怎么回事。奕詝就把老师那套答案给道光皇帝背了一遍。结果道光立谁当了太子？奕詝。因为他虽然不出风头，但是有一颗仁爱之心。

对比一下咸丰和杨暕，就知道杨暕的问题出在哪里了。他太爱出风头了，根本不管这种风头是不是投皇帝所好。要知道，隋炀帝本身就是一个刚愎自用、好出风头的人，一心希望天下人都不如他。在这种情况下，如果是一个聪明的王子，就应该投其所好，把猎物都赶到他这边来，让他满载而归。只要他高兴了，天下不就都是你的了吗？可是杨暕恰恰相反，他太幼稚，太高调了，完全是个人主义，只顾自己出风头，根本不考虑皇帝的感受。这怎么能不引起隋炀帝的反感呢？

三、齐王失宠

有了这几个错处，杨暕在隋炀帝心目中的形象越来越差了。隋炀帝不仅不提让他当太子的事，反而故意让人去挖掘杨暕的过失。

一个皇帝如果想找人麻烦，那不是易如反掌吗？马上，一件事就被揪了出来。

当时制度规定，县令无故不得出境。但是，有一个伊阙县令叫皇甫诩，很受杨暕喜爱。杨暕就违反了禁令，偷偷带他出境到汾阳宫，一起寻欢作乐。隋炀帝此时正找杨暕的碴儿，有一个御史叫韦德裕，就投其所好，把这件事揪了出来，弹劾杨暕违制。

面对韦德裕的弹劾，隋炀帝怎么处理呢？他大张旗鼓，命令一千多个士兵包围了齐王府邸，进行掘地三尺的搜索，务必搜出更多的罪状来。就在这样的穷追猛打之下，有一件丑事终于曝光了。

齐王杨暕的妃子韦氏很早就去世了。杨暕放着那么多美女不喜欢，偏偏喜欢上了韦氏妃子的姐姐。既然如此，把韦家姐姐纳入齐王府不就行了吗？又不行。因为这个姐姐当时已经嫁给了一个姓元的人，是已婚妇女。喜欢韦家姐姐，又不能娶她，怎么办？杨暕就和韦家姐姐暗地私通，而且还生了一个女儿。

这也罢了，更要命的是，有一天，齐王杨暕居然请了一个看相的先生给他的妃子们相面，而且还把韦家姐姐安排到了妃子的队伍里。看相的靠什么赚钱？不就是察言观色吗？这位先生马上就看出来，齐王对韦家姐姐情有独钟。既然如此，就投王爷所好吧。看相的先生把其他妃子都撇在一边，单指着韦家姐姐说：“**此产子者当为皇后。**”他这么说，齐王杨暕自然高兴。韦家姐姐命里该当皇后，那就意味着他命里该当皇帝喽。可是，当时的情况是隋炀帝迟迟不下诏令，让自己当太子。这让杨暕很着急。

皇帝为什么不立自己当太子？杨暕不从自己身上找原因，反倒恨起大哥元德太子的三个儿子来。他觉得，大哥虽然死了，但是留下了三个儿子。这可是长房长孙啊，万一隋炀帝改变主意，不立儿子，要立孙子怎么办？要确保自己接班，只能让这三个侄子去死了。

怎样才能让三个活蹦乱跳的孩子死呢？杨暕用起了古代人的老办法，当然也是最笨的办法厌胜，企图用诅咒的方法咒死三个侄子。而要施行厌胜，肯定会用到小木偶之类的东西。现在，隋炀帝对齐王府邸进行掘地三尺式的侦查，这些罪行当然无法掩盖，都被揭露出来了。

揭露出来之后怎么办？隋炀帝大发雷霆，把那几个帮齐王寻找声色犬马的官员斩首，让韦家姐姐自杀，还有好多府僚都流放边疆。隋炀帝不是让偶像官员柳謇之当齐王府长史吗？上任的时候，隋炀帝还对他讲：“**今以卿作辅于齐，副朕所望。若**

齐王德业修备，富贵自当钟卿一门。若有不善，罪亦相及。”谁都觉得柳謇之肯定步步高升。没想到，这句话的前半句并没有应验，应验的倒是后半句，就在这次事件之后，柳謇之因为不能匡扶齐王，被除名为民了。

处理了这么多相关人士，齐王本身怎么处置？要不要像隋文帝对儿子那样，或杀或关？隋炀帝倒没有那么做。隋文帝儿子多，他儿子太少了。这时候，三儿子杨杲还非常小，古代儿童的成活率又低，万一把齐王除掉，杨杲又死了，隋炀帝就成了孤家寡人，连继承人都没有了。万般无奈之下，隋炀帝恨恨地说了一句：“朕唯有暕一子，不然者，当肆诸市朝，以明国宪也！”我就这么一个儿子，只好先饶了他。如果我有更多的儿子，肯定就把这个儿子拉出去斩首，以昭明国家的法度！

虽然不能即刻除掉齐王，但是，隋炀帝此后对他就非常疏远了。给了他一个京兆尹的头衔，但是什么事都不让他干，而且还专门派了一个虎贲郎将，跟在齐王身边，监视他。只要杨暕有任何小错，这个虎贲郎将马上报告给隋炀帝，这就等于被监禁起来了。

即使这样，隋炀帝还不放心，派给齐王的府僚都是些老弱病残，唯恐齐王利用他们作乱。齐王得宠的时候，官员都争先恐后地把儿子往齐王府送，等到齐王失宠，这些人也就跟着倒霉了。举一个例子。

有个太史令叫庾质，就是当年给隋文帝打气，说他有天命的那位太史令庾季才的儿子。庾质算是隋炀帝的心腹，而他的儿子则在齐王府上班。此刻，隋炀帝讨厌齐王，无处撒气，就揪住庾质，怒气冲冲地质问他：“**汝不能一心事我，乃使儿事齐王，何向背如此！**”你把你儿子送到我儿子那里，就是对我不忠！

庾质是怎么回答的？他说：“**臣事陛下，子事齐王，实是一心，不敢有二。**”我侍奉您，我儿子侍奉您儿子，我们一家给您一家服务，没有不忠啊！

照理说，这回答也算费尽心机了。可是，隋炀帝哪会听这种花言巧语，直接把他贬到外地当县令了事。

就这样，因为元德太子杨昭早亡，齐王杨暕失宠，赵王杨杲太小，隋炀帝立太子的事情就耽搁下来了，一直到后来隋炀帝被杀，隋朝也没有一个法定的太子。这对于一个王朝而言，也是非常奇怪的事情。

这样看来，隋炀帝当皇帝之后，虽然修东都、建南都、开运河、修长城，四面开疆拓土，国力也迅速增强，看起来达到了极盛局面，但是，他有一些问题处理得相当失败，比如滥用民力问题、用人问题以及接班人问题。这些问题其实都很严重，只是当时还被掩盖在国力不断扩张的表象之下。而一旦隋朝的国力扩张受阻，这些问题就会暴露出来，乃至酿成大祸。

那么，隋朝会遇到这样的麻烦吗？

第十五章 一征高句丽

由于高句丽国王高元没有像其他北方少数民族一样，来隋朝觐见，隋炀帝大动肝火，决定亲率百余万大军讨伐高句丽，而这个动作最终带领此时鼎盛辉煌的大隋王朝，驶向万劫不复的深渊。高句丽问题到底有着怎样的来龙去脉？隋炀帝为何非要如此大动干戈？

一、出征原因

隋炀帝即位后，短短几年时间，不但修东都、开运河，巩固了国内统一和促进交流，而且北出西巡，在塞北和西域都宣扬了大隋的声威。隋炀帝创造了汉武帝以后几百年间从未有过的富强局面，让隋朝的国力达到了极盛。当然，在如此短的时间内办这么多大事，也让天下百姓付出了巨大的代价。如果隋炀帝就此罢手，休养生息，那么，国家和人民都会逐渐安定下来，投入正常的生产生活，没准儿隋朝会成为历史上一个难得的黄金时代，犹如后来的唐朝。可惜，历史从来不允许一厢情愿的假设。事实上，隋炀帝并没有让人们休养生息，恰恰相反，他接连三次大规模远征高句丽，把老百姓从工地中又拖到战场上，最终引来天下骚动，群雄并起，不仅让隋炀帝本人身首异处，盛极一时的大隋帝国也在很短的时间内灰飞烟灭。

高句丽到底是怎么回事？为什么隋炀帝要付出那么大的代价，非要攻打它呢？

要想弄清楚隋炀帝出征高句丽的原因，还得先了解一下高句丽的基本状况。

所谓高句丽，是建立在今天朝鲜半岛北部和辽东地区的一个地方政权，定都在今天的平壤，当时的统治者名叫高元。隋炀帝为什么要打高句丽？一个直接的原因是，高句丽的国王高元没有像突厥等其他少数民族那样，到隋朝来朝贡。

这还得追溯到隋炀帝北巡的时候。大业三年（607），隋炀帝北巡塞北草原，临幸启民可汗的牙帐。当时，高句丽也正派了使者到启民可汗那里。启民可汗当时已经向隋称臣，对这个情况不敢隐瞒，就向隋炀帝做了汇报。

隋炀帝一听，马上让使者给高句丽国王传话：“令速朝觐，不然者，当率突厥，即日诛之。”命使者回去跟国王高元讲，赶快来朝见大隋天子，如果他不来，我就率领突厥人一块儿去讨伐他。很明显，这是在威胁高句丽。使者回去之后，当然如实把隋炀帝的意思传达给了国王高元。

那么，高元有没有吓得立刻前来朝贡呢？并没有。高元确实害怕大隋，可是，害怕之后，他并没有如隋炀帝想象的那样遣使朝贡，而是干脆开始整军备战，准备誓死抵抗了。

隋炀帝是一个自视甚高的英雄天子，高句丽这样无视他的权威，他当然不能忍耐，所以才下定决心要征讨高句丽。

根据这种说法，整个战争其实就来自两个政权在第三方的一场偶遇，而且，似乎是隋炀帝死要面子的结果。但历史远没有如此简单，事实上，隋炀帝一定要打高句丽，至少有三点理由值得注意。

第一个，高句丽所辖区域本来就曾经属于中原王朝。根据《史记》记载，在朝鲜半岛最早建立国家的是商朝的遗民箕子。公元前11世纪武王伐纣，灭掉商朝，商朝的宗室箕子率众东走，到了今天的朝鲜半岛建国，在政治上臣服于周朝。

后来，到了秦末汉初，天下大乱，燕人卫满东渡鸭绿江，灭了箕子的后人，自己建立政权，定都就在今天的平壤；而后，西汉时武帝出兵灭了卫氏朝鲜，在这里设立了乐浪、玄菟、临屯、真番四个郡，实行和中原一样的管理模式；再后来，东汉末年的时候，辽东太守公孙康在乐浪郡南面又设了带方郡。直到三国曹魏时期，魏国的版图还包含了这块地方。只是到了西晋末年，五胡入华，这块地方才脱离了中原政权的控制。

脱离了中原政权的控制，它落到谁的手里了？落到高句丽人手里了。高句丽本来是活动在吉林东部长白山地区的一个少数民族政权，中原政权南渡之后，高句丽趁机南下，不仅占领了朝鲜半岛北部原来的三个郡，还侵占了辽东半岛不少领土，从此，辽东半岛也罢，朝鲜半岛北部也罢，就成了高句丽的天下。

这样说来，在历史上的漫长时期，特别是在隋炀帝最感兴趣的汉朝，这个地方就是中原政权不可分割的一部分。现在，隋朝想要恢复大汉声威，怎么可能任这片土地游离在外？事实上，这不光是隋炀帝一个人的想法，很多大臣也都是这个想法。

在突厥启民可汗那里看到高句丽使者之后，隋朝的边疆和民族问题专家裴矩马上就发表了自己的意见："高（句）丽本箕子所封之地，汉、晋皆为郡县，今乃不臣，别为异域。……当陛下之时，安可不取？使冠带之境，遂为蛮貊之乡乎？"高句丽本来是箕子建立的国家，那是我们自己的领土，在汉晋时期都是中原政权所辖的郡县，在这之后才成为异国他乡的，陛下您现在文治武功都达到极盛，怎么能不收复这片土地呢？您难道真的忍心让传统的中原领土变成蛮夷之乡吗？可以看出，收复故地是当时很多人的一个共识，也是隋炀帝决心出征的第一点原因。

第二个，高句丽在东北亚地区的霸权和隋朝的东亚霸权发生冲突了。在魏晋南北朝时期，因为中原地区乱者为王，谁也顾不上东北，所以，高句丽迅速发展了势力，逐渐成为东北亚地区最大的政权。另外，因为历史原因，高句丽文明程度比较高。这样一来，在东北区域的竞争中相当占优势。它周边的那些民族，包括北边的靺鞨，西边的契丹、奚、室韦，都渐渐不是它的对手。另外，当时在朝鲜半岛南部还有两个政权，一个叫新罗，一个叫百济，也都比高句丽弱小。

这样一来，高句丽就成了东北亚地区的强国。在北边，它把室韦、靺鞨都变成它的附庸；在南边，它也不断向百济、新罗施压，谋求统一朝鲜半岛。打遍周边无敌手，俨然是东北亚的小霸王。问题是，就在高句丽凯歌高唱的时候，中原地区出现了强大的隋朝。隋朝一建立，整个东亚局势马上就变了。随着一个中原强国重新崛起，原来那些受制于高句丽的民族纷纷向隋朝朝贡，都想借助大隋的威风加强自己的力量。这就让高句丽原来的战略部署受阻了。怎么办呢?

高句丽虽然表面上跟隋朝保持着友好关系，向隋朝进贡，接受隋朝的册封，但是，在背地里，它却没少搞小动作。它一方面积极支持当年北齐的亡国势力，鼓动他们复国；另一方面派人到江南的陈朝朝贡，企图牵制隋朝。这当然让隋朝很不舒服。后来，开皇九年（589），隋朝统一陈朝，高句丽就更紧张了，害怕下一个讨伐对象会轮到自己。所以，它干脆停止了对隋朝的朝贡，开始积极备战。

这也罢了，毕竟，隋文帝时期，突厥才是隋朝军事活动的重点，隋文帝还抽不出心思来管高句丽的事情。可是，就在开皇十八年（598），有一件事终于惹恼了隋文帝。

这一年，有一支原本臣服于高句丽的契丹部落改投了隋朝，这在隋朝看来叫弃暗投明，在高句丽看来，就是可耻的背叛了。如果让这些附属民族都背叛下去，高句丽在东北亚也就威风扫地了。

高句丽国王高元不能坐视不管，他亲自率领大军杀到了隋朝统治的辽西地区。这可让隋文帝忍无可忍了。于是，就在开皇十八年（598），隋文帝派汉王杨谅为元帅，高颎为元帅长史，率领三十万大军讨伐高句丽。

结果怎么样呢？由于准备仓促，隋朝这次讨伐失败了，不过，高元也吓了一跳，赶紧遣使谢罪，自称“辽东粪土臣元”，重新派人朝贡。这样一来，隋文帝算是有了面子，也就没有再追究。虽然这件事草草收场，但可以看出来，两个霸权之间有着不可调和的矛盾，以后的冲突还是在所难免。

第三个，高句丽和东突厥勾结，让隋朝感受到了威胁。虽然在隋炀帝时期，东突厥已经臣服于隋朝，但是，对这个骁勇的马背民族，隋朝一直不敢掉以轻心。大业三年（607），隋炀帝在突厥那里看到高句丽使者，一下子就敏感了起来。他害怕这两个政权联合。如果他们联合，一北一东雄视中原，还是很有杀伤力的。所以，隋炀帝才让使者传话给高元：“令速朝觐，不然者，当率突厥，即日诛之。”这句话，仔细分析其实有两层意思。

第一，告诉高句丽国王，现在，大隋如日中天，请你赶紧认清形势，俯首听命。

第二，别打突厥的主意，现在突厥是我的藩属，不可能跟你联合。特地把突厥提出来，其实恰恰反映的是隋炀帝的担心。

这样看来，虽然隋炀帝在突厥遇到高句丽使者具有偶然性，但是，双方的矛盾和冲突却是由来已久，具有必然性。根据辩证唯物主义的看法，必然性在事物发展过程中起决定作用，而偶然性可能加速或者延缓事物发展的进程。隋朝和高句丽的关系也恰恰是这样。因为两个政权具有天然的矛盾和冲突，所以不仅隋文帝要打高句丽，隋炀帝也要打，到唐朝还要打。双方必有一战，但是，究竟什么时候打？在具体时间的确定方面，大业三年（607）隋炀帝在突厥偶遇高句丽使者事件就有重要意义了。这次遭遇之后，隋炀帝终于下定决心，晚打不如早打，现在隋朝兵精粮足，如日中天，此时不打，更待何时！

二、准备出征

要和高句丽打仗，怎么打？隋炀帝可不像当年隋文帝那样仓促起兵。事实上，他做了精心的准备。

第一项是后勤准备。俗话说“兵马未动，粮草先行”，在任何时代打仗，后勤都是一个需要优先考虑的问题。隋朝的西京在大兴城，东都在洛阳，位置都比较偏西。而高句丽则在东北地区，相隔很远。怎么解决后勤补给问题？隋炀帝的解决方法是挖运河。就在大业四年（608）元月，隋炀帝颁布诏令，征发河北诸郡男女百万余人开挖永济渠，永济渠从洛阳一路往北修，一直修到涿郡，也就是今天的北京城。这条运河就是直接为征伐高句丽修的。运河一开通，隋炀帝就可以通过水路把兵员和物资运到涿郡。再以涿郡为基地进攻辽东，就容易多了。

第二项是修造船只。既然依靠运河运输粮草，当然就要打造运输船只了。按照一般的想法，大业四年（608）运河完工，紧接着，大业五年就应该造船了。是不是呢？并不是。大业五年和六年，隋炀帝又把目光转向了西北，解决了西突厥问题和吐谷浑问题。不仅赢得了大片领土，重新打通了丝绸之路，还把不少西域小国的国王和使者都带回了中原，让他们好好地感受了一下大隋的繁荣富庶。这就耽误了两年。

直到大业七年（611），隋炀帝才又有精力重新考虑东北地区的高句丽。高句丽到现在还没有臣服，是可忍，孰不可忍！这样一来，本来中断了两年的准备工作又重新启动了。大业七年二月，隋炀帝下令，征调民夫，在东莱海口造三百艘大船，而且，在一个月之内必须造好！这么急的期限，民夫只好昼夜赶工，因为整天泡在水里，腰部以下都生了蛆，到船造好的时候，民夫已经死去十之三四。就这样，付出了巨大的代价，第二项准备工作也做好了。

第三项是征发兵源。在这个问题上，隋炀帝的做法是扫地为兵。

首先，全国的常规部队都到涿郡来集结。

其次，还要再征调一些特种兵。什么样的特种兵？按照《资治通鉴》的记载，隋炀帝“**发江淮以南水手一万人，弩手三万人，岭南排镩手三万人**”。水手是划船的，弩手是拉弓的，作战能力弩比一般的弓要强。而所谓排镩手，其实就是专使丈八蛇矛的长枪手，这是《三国演义》里张飞的武器，杀伤力很强。岭南地区山高林密，盛产非常优秀的排镩手。

第三项是调集军需。隋炀帝下令，让河南、淮南和江南老百姓建造戎车五万辆，送到高阳（今河北高阳），预备给战士们送衣服和帐篷；又征发江淮以南地区的民夫和船只，把几大粮仓的粮食、铠甲和一些攻城的工具运到涿郡。

这样大规模的准备工作一共动用了多少人？按照《资治通鉴》记载，当时奔走在路上的有好几十万人。这个准备规模，不仅远远超过隋文帝开皇十八年（598）那次对高句丽的战争，也远远超过了当年的平陈战争。

就这样，经过一年紧锣密鼓、不计成本的折腾，到大业八年（612）正月初一，各项准备工作终于就绪了。从全国各地调来的大军齐集涿郡，总共达到了一百一十三万多人，当时号称二百万，整装待发。

三、御驾亲征

大业八年（612）正月初二，隋炀帝发布诏书，公布了高句丽不修职供、招亡纳叛、侵扰辽东以及内政紊乱等四大罪状，然后宣布，自己要亲总六师，吊民伐罪！作战要师出有名，宣布这些当然没有错。问题是，隋炀帝把该宣布的宣布了，把不该宣布的也给宣布了。他宣布什么不该公开的信息了？

首先，他把作战部署给宣布了。按照隋炀帝的文宣，他的二百万军队要分成左右两翼，每一翼又分为十二路军，每支军队都有自己的行军路线。比如，左第一路军走镂方道，左第二路军走长岑道；右第一路军走黏蝉道，右第二路军走含资道，等等。反正，二十四路大军的进军路线都公布得清清楚楚。

其次，隋炀帝还把军队番号也给公开了。

各路大军即将出征，隋炀帝要求，每路大军必须在衣服领子上缝一块布做的军记带，这个军记带长一尺五寸、宽两寸，上面写上各军的番号，省得谁走丢了，找不着队伍。另外，既然御驾亲征，不仅皇帝本人要去，大臣们也都得跟着去，这些大臣也不按原来三省六部那样的编制了，而是分别隶属于御营六军。哪六军？内、外、前、后、左、右六军，他们也要戴上军记带。这样一来，一百多万官兵，每个人隶属的军队番号也都摆在了敌人面前，这不是故意泄露军事机密吗？

最后，更糟糕的是隋炀帝的出征方式。按道理讲，兵贵机密、兵贵神速，如果能够快速突袭敌人，打对方一个措手不及，那就会赢得很多先机。可是，隋炀帝不这么想，更不那么做。他的方略是“**日遣一军，相去四十里，连营渐进**”。一共是二十四路大军，每天派一支军队出发，每支军队相隔四十里，一天一天地挨着走。这样一来，光是这二十四路大军出发，就花了二十四天的时间。二十四路大军之外还有天子六军，又是六天的时间。再加上一些辎重部队，整个出发仪式完成，一共用了整整四十天时间！敌人就是再迟钝，也早都知道了。

光是出发迟缓也就罢了，关键是，这样一来，整个军队就形成了一字长蛇阵，首尾相隔一千多里，别说是互为犄角，前面出什么事，后面根本就不知道。隋炀帝北巡突厥的时候，不是还刻意避开了一字长蛇阵吗？可是这一次他却掉进了自己曾经避开的深坑。这样一来，所谓百万大军，战斗力也就相当有限了。

这些举措已经充满漏洞，但是还没有完。隋炀帝的军队里可不光有军事人员，还有其他各种闲杂人员。什么闲杂人员呢？大概有四类。

第一类，乐队。隋炀帝随军带了一支军乐队，什么钲、鼓、箫、笛子，应有尽有。这哪里是去打仗，这不是去演戏吗？

第二类，宗教职业者。隋炀帝此行还带了不少和尚道士，可以在战场上讲经说法。

第三类，女眷。隋炀帝不仅自己携带后妃宫女出征，还让自己最亲信的宰相宇文述也带上家眷。

要知道，中国古代人比较迷信，认为女性上战场会对战争不利。但是，隋炀帝对这个问题倒是看得开，他怕宇文述不好意思，还特地给宇文述做思想工作，说：“古称妇人不入军，谓临战时耳。至于营垒之间，无所伤也。项籍虞姬，即其故事。”你不要听别人乱说什么女人上战场不吉利，古人是说，在白刃战格斗的时候，不要轻易让夫人露面。至于安营扎寨的时候，有女眷在旁边，一点关系都没有，西楚霸王项羽打仗不也带着虞姬吗？这样一来，好多女眷就出现在行军队伍之中。

第四类，外国使节。隋炀帝不是在大业六年（610）把好多西域小国的君主都带到中原来了吗？其中有一些人一直没回去。比如说高昌王、伊吾吐屯设，还有吐谷浑的太子，乃至西突厥的处罗可汗，当时都跟在隋炀帝身边。现在，隋炀帝把他们也带上了，一起随军观战，好进一步感受一下大隋的威风，从而坚定追随大隋的信心和决心。

这样的军队，还哪有什么军纪和秘密可言？

四、出征预测

这样一支前所未有的军队，就以这样一种前所未有的方式出发了。这哪里是去打仗，简直就是武装游行，还外带嘉年华。这支军队能不能取胜？隋炀帝认为完全不成问题。在他看来，像高句丽这样的蕞尔小国，哪里还用得着打？有这样一支威武之师、雄壮之师往边境一站，他们吓也得吓死了。所以，根本就不需要考虑什么战略战术问题，只要考虑好如何接受投降的事宜就行了。怎样才能顺利地接受敌人投降？隋炀帝觉得，有两个问题必须解决好。

第一个，如何防止将领贪功冒进。

第二个，如何有秩序地接受敌军的投降。

怎样防止将领贪功呢？隋炀帝下令，二十四路大军不设统帅，互相牵制，而且，有事必须禀报隋炀帝决定，不得擅自开战。这样一来，就谁也不能冒进了。

怎样接受敌军投降？隋炀帝规定，每支大军专门设立一个受降使者，这个受降使者“承诏慰抚，不受大将节制”。慰抚使直接隶属于皇帝，跟本军将领是平级关系，如果将领不接受投降，慰抚使可以节制他。

要知道，自古要打好仗，讲的就是“将在外，君令有所不受”。只有这样，主帅才能因地制宜，因时制宜，发挥主观能动性，打出胜仗。可是现在，上面有隋炀帝管着，旁边有受降使者看着，这仗岂不是没法打了？隋炀帝为什么这么荒唐？不是他不会打仗，而是他根本就没预备打仗。他想的就是不战而屈人之兵。

隋炀帝如此，其他人是不是也这么想？未必。当初，太史令庾质因为把儿子送到齐王府当官，被隋炀帝贬为县令了。这时候，大军出征之前，隋炀帝又想起他来，就把他叫回身边，问他：“高（句）丽之众不能当我一郡，今朕以此众伐之，卿以为克不？”高句丽是个小国，还不及我一个郡大，现在我派大军讨伐，你觉得能不能打赢？

庾质回答说：“伐之可克。然臣窃有愚见，不愿陛下亲行。”打还是可以打赢的，但是依我愚见，陛下还是不要御驾亲征了。

这个回答让隋炀帝很不高兴，他变了脸色说：“朕今总兵至此，岂可未见贼而先自退邪？”你这是什么意思？我现在已经率领这么多大军来到涿州，已经在前线了，你难道让我不见敌人就跑回去吗？

庾质怎么回答呢？他说：“战而未克，惧损威灵。若车驾留此，命猛将劲卒，指授方略，倍道兼行，出其不意，克之必矣。事机在速，缓则无功。”如果陛下御驾亲征，万一不胜，是很没面子的事。因此，还不如留在后方，派将领去打。将领没了您这个负担，倒可以迅速出击。要知道，兵贵神速，这样拖延，恐怕劳而无功。这是非常中肯的意见。

而且，这也不是唯一的批评意见。事实上，在领兵将领之中，也有人对这次出兵有不同意见。谁呢？老将段文振。段文振是隋炀帝委任的二十四将军之一，还没到辽东，就病倒了。俗话说“人之将死，其言也善”。就在临终之前，段文振给隋炀帝上表说：“夷狄多诈，深须防拟，口陈降款，毋宜遽受。水潦方降，不可淹迟。唯愿严勒诸军，星驰速发，水陆俱前，出其不意，则平壤孤城，势可拔也。若倾其本根，余城自克；如不时定，脱遇秋霖，深为艰阻，兵粮既竭，强敌在前，靺鞨出后，迟疑不决，非上策也。”什么意思呢？段文振说了两方面的内容。

第一，陛下一心想要接受高句丽人投降，问题是，这些敌人很狡猾，很有可能诈降。所以，一定要多留个心眼，不要被他们骗了。

第二，眼看雨季就要到了，所以我们出兵一定要快一点儿，只有出其不意拿下平壤城，才有胜算。否则，等到雨季到来，运输艰难，我们的后勤补给跟不上去，那时候，高句丽再伙同靺鞨等附属民族打我们，麻烦可就大了。这个意见相当具有前瞻性。

这样看来，虽然隋炀帝自恃兵多将广，信心满满，但是，对于隋炀帝的军事方略，一些官员表现得忧心忡忡。

那么，隋炀帝征讨高句丽，到底会是怎样的结局呢？

第十六章 铩羽而归

隋炀帝亲率百余万大军，铺天盖地地向高句丽挺进，两路大军分别包围了高句丽的军事重镇辽东和首都平壤，希望能够直接把高句丽给吓得投降。被逼到墙角的高句丽，面对大军压境、存亡不保的困境，誓死抵抗。本来优势明显的隋军，竟然莫名其妙地被高句丽牵着鼻子走。最终高句丽以弱胜强，逼得隋炀帝丢下三十多万将士的尸骨，惨败而归。隋军究竟败在哪里？亲自督战的隋炀帝在这场战争中扮演了怎样的角色？兵多将广的隋军为什么会变得如此被动？

一、渡辽失将

隋炀帝率领一百多万大军，摆足了排场，御驾亲征，希望能够直接把高句丽吓得投降。他这个目的达到没有？非常遗憾，没有达到。高句丽是被逼到墙角了，但是，所谓困兽犹斗，面对大军压境、存亡不保，高句丽反而迸发出了勇气，誓死抵抗。

大业八年（612）三月十五日，经过两个半月的行军，隋炀帝率领他的百万雄师，终于来到了辽河西边。这时候，高句丽的战士已经在辽河东边严阵以待了，完全没有投降的意思。一场战争已经箭在弦上，不得不发。

怎么打呢？要交手，首先得过河。过河就需要架桥。隋炀帝手下有个著名的工程建筑专家宇文恺，就是给隋炀帝造观风行殿的那一位。此人工巧，隋炀帝就把搭建三座跨河浮桥的任务交给了他。很快，浮桥架好了。谁来打头阵？这时候，大军中涌现出了一位英雄人物左屯卫大将军麦铁杖。

麦铁杖出身江南，是一位著名的传奇人物。此人出身很低，大字不识一个，最大的本事就是走路，可以日行五百里，跟马走得一样快，是真正的神行太保。当年在陈朝的时候，麦铁杖白天在皇帝身边伺候，给皇帝举着伞，晚上则到南徐州（今江苏镇江）去抢劫。要知道，南徐州跟陈朝的首都建康（今江苏南京）相隔一两百里，麦铁杖一去一回，再加上抢劫，第二天早晨居然不耽误上班。有一次，被抢的苦主把他给认出来了，向皇帝告状。皇帝怎么也不信，说他不可能跑那么远抢劫。可是，苦主坚持认为贼人就是麦铁杖，不屈不挠地写控告信。

怎么办呢？这时候，有一个官员给皇帝出了个主意。官员说，要不您假装招募一个人去南徐州送信，如果一个晚上能够送到，第二天早晨上班之前再把回信拿回来，就赏他百金。如果麦铁杖应募，且真能一个晚上跑一个来回，就说明确实是他作案。皇帝一听，依计而行。果然，麦铁杖受骗了，应募去送信，一个晚上跑了一个来回，第二天早晨没耽误上班。

这样一来，他抢劫的事也就暴露了。暴露了之后怎么样呢？皇帝觉得此人可用，骂了他一顿就不了了之，根本没惩罚他。后来，陈朝灭亡之后，麦铁杖辗转到了杨素手下做事。有一次他作战立了大功，要论功行赏的时候，正好赶上朝廷召唤杨素，杨素快马加鞭赶往京城，居然把麦铁杖给忘了。

怎么提醒杨素呢？麦铁杖拔腿就追，到晚上，就出现在杨素面前。杨素这才想起来，还欠人家一个官呢，就在文帝面前保举他为开府仪同三司。后来又辗转当了刺史。

麦铁杖不识字，刺史干得也不太好。再说，又是南方人，出身低微，所以，那些关陇贵族官僚老是看不起他。有一次回京师参加考核，窦威（唐朝窦太后的堂叔）就当面讽刺他说：麦是什么姓？没听说过。没想到，麦铁杖脱口而出：麦子和豆子，都差不多吧！把窦威说得哑口无言。或许麦铁杖的文化程度不高和社会背景确实不佳，但是，麦铁杖既聪明又硬气，足以抵消他的缺陷。就因为这两个素质，隋炀帝挺喜欢他的，把他安顿在自己身边，还让他当了左屯卫大将军。

一个南方人，既没出身，又没文化，能够做到这个位置相当不容易，所以，麦铁杖对隋炀帝感恩戴德，这次出来之前，他就发誓要为隋炀帝战死。现在大战在即，麦铁杖主动请缨，当前锋渡河。在出发之前，他对自己的三个儿子说："吾荷国恩，今为死日！我得良杀，汝当富贵。"我领受着这么重的国恩，如今是为国而死的时候了，如果我真能为国而死，皇帝陛下不会辜负你们的。说完，领着军队就冲了过去。

可是，冲到半道，麦铁杖发现了一个大问题，这个工程建筑专家宇文恺，居然在关键时刻掉链子了，没算好长度，这浮桥居然短了一丈多，够不到岸上。

所谓开弓没有回头箭，此刻总不能再往回走吧。没办法，只好往水里跳。这一跳当然吃亏，高句丽的士兵在岸上，居高临下，倒成了痛打落水狗的态势。麦铁杖毫无还手之力，英勇战死。隋炀帝在河对岸眼看着这惨烈的一幕，这才意识到，打高句丽并不像他想象的那么容易。

尽管出师不利，折了一员大将，但接下来的进展还算顺利。另一个工程技术专家何稠又重新修建了一座够长的浮桥，隋朝的大军还是顺利地渡过了辽河，杀死了一万多高句丽士兵，而且围困了军事重镇辽东城（今辽宁辽阳）。

二、辽东受挫

把辽东城围起来之后怎么打？这时候，隋炀帝又犯了糊涂，他又想通过吓唬高句丽来解决问题了。隋炀帝让建筑专家何稠在辽东城对面给他造了一座六合城。这座城方圆八里，城墙高十仞，上面插满旗帜。城的四个角都建有门楼，四面还各开三个城门。在城里，隋炀帝再亮出他的宝贝观风行殿，一眼看过去，这就是一座货真价实的城池！更令人觉得不可思议的是，这座城就是用一个晚上搭建而成的。

第二天早晨，高句丽守卫辽东城的士兵起来一看，眼前居然多了一座像模像样的城，都惊呆了，觉得隋朝神乎其神。问题是，感慨叹息一番之后，高句丽人并没有投降，该守城还照样守城。这样一来，隋炀帝的如意算盘又落空了。

威吓不成，只好继续打。按道理讲，隋朝毕竟兵多将广，又有皇帝督战，拿下一座城，应该不是什么费力气的事。可是，隋炀帝还是没有真正下定决心，总是幻想能够不战而屈人之兵。所以，虽然下令进攻，但与此同时，他又跟将领们交代了一个原则：一旦高句丽有投降的表示，就要停止进攻，向他禀报，不得宜将剩勇追穷寇。

这样一来，将士们打仗就有了顾忌。一来二去，辽东城里的守军也看明白了隋炀帝的用心，跟隋军玩起了心眼。一旦感觉顶不住了，马上派人摇着白旗出来谈判，说要投降。隋炀帝有命令在先，这些将领只好停止进攻，派人跟隋炀帝请示。等请示回来，人家城里早就调整好了，翻脸不认人，接着跟隋军打。这样反反复复，随军就被拖在了辽东城下，一直到六月份也没能攻下来。

这不是让人着急吗？隋炀帝不反省自己的失误，反倒骂起攻城的将领来了。他说：“**公等自以官高，又恃家世，欲以暗懦待我邪！在都之日，公等皆不愿我来，恐见病败耳。我今来此，正欲观公等所为，斩公辈耳！公今畏死，莫肯尽力，谓我不能杀公邪！**”你们是不是都自以为是个人物，就轻视我啊？怪不得出征之前你们都不愿意让我来，原来是害怕我看到你们这副窝囊相。我今天就要留在这儿监督你们！如果你们再不肯尽力，信不信我真的会杀了你们!

将领们自然是不服气，心想，要不是你在这儿瞎指挥，我们也不至于如此被动。可是，隋炀帝脾气大，这样的话谁也不敢讲。

三、止步平壤

总耗在一座辽东城前头也不是办法。隋朝不是有二十四路大军吗？就在一部分军队包围辽东城的同时，其他的部队已经准备进攻平壤了。按照隋炀帝的想法，平壤是高句丽的首都，只要把平壤攻占了，其他地方肯定不攻自破。既然平壤关系全局，隋炀帝就格外用心，派了水陆两路大军联合作战。

先看水路。水军由谁来率领？水军的主帅叫来护儿。来护儿跟麦铁杖一样，也是南方人，也深受隋炀帝的信赖。就在这次征辽东之前，隋炀帝还赐给他牛和酒，让他回乡祭祖，并且宴请父老乡亲，还让三品以上的官员都到他家拜访。这是多大的荣耀啊，所以，来护儿对隋炀帝感恩戴德，非常希望能把仗打好。

开始的时候，来护儿打得确实不错，很快渡过了大同江，来到平壤西边六十里的地方。就在这儿，来护儿和高句丽军队遭遇上了。尽忠报国的机会来了，来护儿和他的军队有如下山猛虎一般，大破敌军。

打了胜仗之后该怎么办呢？来护儿和副手周法尚发生了争执。来护儿一心想要报效隋炀帝，再加上刚打了胜仗，比较轻敌，所以，就主张乘胜追击，直扑平壤。而周法尚则认为，现在咱们是孤军前进，不如等步兵人马到了一起攻城。再说，皇帝陛下也是这样交代的，所以，还是等等步兵吧。那么，最后听谁的呢？来护儿毕竟是主帅，比较强势，当然是来护儿的意见占了上风。他根本没等步兵，就率领精兵四万，直扑平壤城。

高句丽守军知道硬拼不过，早就设计好圈套了。先派一些老弱病残跟来护儿交手，打不过就往城里跑，来护儿自然乘胜追击。有句话叫骄兵必败，来护儿手下这些没怎么遇到困难的士兵，一到城里，马上就控制不住军纪了，沿街抢掠起来。眼看隋军的队伍乱了，这时候，早就埋伏好的精兵强将再杀出来，把来护儿的军队打得措手不及。

这一下，隋军可就乱了阵脚，狼狈逃窜。本来进城的时候是精兵四万，最后逃出城去，回到大同江边的只剩几千人了。这几千残兵败将也无心恋战，干脆撤退吧，一直撤退到海边，接应步兵的事当然也就成了泡影。

再看陆路。当时，陆路方面，一共有九路大军，共计三十万人攻打高句丽。陆路这边从一开始就没有水路那么顺利，首先就碰到了后勤补给问题。高句丽坚壁清野，隋朝军队只好自己背着军粮行军。他们需要从泸河和怀远开始背起，一直要背到平壤去。

这条路太远了，所以，每个人出发的时候都背了足够吃一百天左右的粮食。这实在是太沉了，再加上必要的武器、辎重，每个战士的负重都在三石以上，这不是要把人活活累死吗？怎么办呢？既然是来打仗的，武器总不能扔吧，所以战士们只能扔粮食。但是，在出发之前，隋炀帝已经下过死命令了："遗弃米粟者斩！"碍于禁令，士兵只好半夜偷偷起床，在帐篷里挖个坑，把粮食埋掉了事。

这样一来，负担是减轻了，可是，路才走了一半，粮食就已经快吃完了。虽然沿路也在老将于仲文的指挥下打了个大胜仗，士气不错，但是，谁都知道，没有粮食，仗可就没法打下去了。

就在这个时候，事情出现了一个大转机。隋朝打了个胜仗，高句丽的宰相乙支文德渡过鸭绿江，到隋军营帐前投降来了。

怎么刚打了一个败仗，宰相就要投降？其实，他根本不是投降，他就是诈降，来探听虚实的，看看隋军到底还能撑多久。高句丽已经跟隋军打了几个月交道，知道隋炀帝善待投降者，所以，身为宰相的乙支文德就大摇大摆，来诈降了。

乙支文德是高句丽的二号人物，不同于一般人，隋炀帝虽然糊涂，在这个问题上还是有考虑的。就在出征之前，隋炀帝还曾经跟于仲文有过秘密交代，说：“若遇高元及文德来者，必擒之。”一般人投降归投降，如果高元和乙支文德来投降，一定要擒拿他们。这就是所谓擒贼先擒王。

现在隋军粮草困难，若是能够抓住乙支文德，战局就会有一个大的转变。所以，于仲文在心里直喊天助我也，磨刀霍霍，要把乙支文德给抓起来。可是，就在这关键时刻，又出差错了。

什么差错？前面讲过，隋炀帝本来不立足于打仗，而是立足于招降。所以每支军队都配了一个招降使者，叫慰抚使。招降使者不受本军主帅节制，直接对皇帝负责，实际上就是一个监军。这时候，于仲文的军队里也有这么一个慰抚使，叫刘士龙。刘士龙其实并不怎么受隋炀帝重视，所以，关于遇到高元或者乙支文德就直接抓起来的命令，隋炀帝没跟他说。可是，这个关键时刻，刘士龙倒是站出来行使自己的职权了。他说，皇帝陛下早有交代：“高（句）丽若降，即宜抚纳，不得纵兵。”高句丽如果投降，我们要善待这些投降的人，要让他们来去自由。所以，只要我还在这儿，坚决不能抓乙支文德！

这怎么办？既然有隋炀帝的密旨，于仲文就应该当仁不让，先把乙支文德抓起来再说吧？却又不行。因为隋朝当时有九路大军，于仲文只是其中一路的主帅，其他统帅，对于要不要违抗隋炀帝的公开诏令意见并不统一。

这样一来，于仲文遇到的阻力就太大了。没办法，想来想去，还是把乙支文德放走了事。好好的一个擒贼先擒王的机会，就这么白白放过去了。不过，放走乙支文德之后，于仲文马上后悔了，又派人去追，说请他再回大帐，继续协商投降事宜。

乙支文德还会回去吗？当然不会。这样的鸿门宴，谁还敢去第二次。何况乙支文德把该了解的隋军信息都了解得差不多了，傻子才会再回去！

抓捕乙支文德不成，隋朝的九路大军可犯了难。接下来怎么办？这时候，宇文述表态说，眼看粮食没有了，在这里也是等死。干脆，撤军吧。

一听宇文述这么说，于仲文可急了。他说："将军仗十万之众，不能破小贼，何颜以见帝！且仲文此行，固知无功，何则？古之良将能成功者，军中之事，决在一人。今人各有心，何以胜敌！"我们率了这么多军队来打高句丽，最后居然自己主动撤退，还有什么脸回去见皇帝啊？说实在的，这一次打仗，我早就知道会无功而返。为什么呀？因为自古以来要想打胜仗，必须要统一领导。现在倒好，你说你的，我说我的，这样的仗没法打了！言下之意，要是大家都听我的，绝不会打得这么窝囊！

要知道，于仲文在这些将军中资历算是老的，隋炀帝也比较信任他，还曾经下令其他将领有事向他请教。现在他说出这番话来，其他统帅都不好再说什么了。既然老将军想打，那就饿着肚子，打吧。

就这样，三十万大军在粮食严重短缺的情况下，渡过鸭绿江，继续往平壤挺进。乍一看，他们挺进得相当顺利。每次跟高句丽的兵将刚一接触，高句丽人就掉头往回跑，一天的时间，隋军就接连打了七个胜仗，最后，将领们都纳闷起来了，这仗怎么打得这么顺？

到底为什么这么顺利呢？这其实是乙支文德在用计，他通过侦察，已经发现隋军缺粮，战士都面有菜色，这才决定，拖着隋朝的军队往前跑，打疲劳战。现在，隋军果然上钩了。三十万大军一路跟着高句丽的军队往前冲，一直冲过清川江，来到距离平壤不到三十里的地方安营扎寨。

到了这里，于仲文也好，宇文述也好，才真觉得不妙了。本来，隋朝之前的方略是水陆并进，来护儿的水军应该在这边接应他们了，但是现在连个水军的影子也没有，这不是要孤军奋战了吗？

那能不能依靠步兵自己的力量攻打平壤？那就更不行了。平壤城是高句丽的首都，自然是深沟高垒，守备坚固，本来就是一块最硬的硬骨头。而隋朝的士兵经过这么一番奔波，早已疲劳不堪，又没有粮草，不要说再去攻城，就算是原地待命都维持不了几天。

这时候，将士们都恨透了于仲文，你鼓动着我们往前冲，现在冲到这儿来了，粮食也没有，友军也没有，进也不是，退也不是，怎么办？正在隋朝的将帅一筹莫展的时候，有人来救他们了。谁呢？乙支文德。

乙支文德大摇大摆，又来投降了。他说：隋军的情况我们也知道，你们打不动我们，我们也不想再打你们。这样吧，如果你们就此撤军，我们国王高元愿意到隋炀帝驻跸的地方去朝觐。你们这么兴师动众，不就是为了让我们国王去朝觐吗？

乙支文德提出这么一个解决方案，隋朝的将领简直都要感激涕零了。他们本来还担心被高句丽困死在这里，如果能够按这个方案撤军，简直就是最体面的结局了。所以，再也不想捉拿乙支文德了，第一时间就同意了他的方案，赶紧拔营，往回撤。

四、铩羽而归

眼看着隋朝的三十多万大军落荒而逃，乙支文德哈哈大笑。

他派人追了上去，送了一首诗给隋军的将军们。诗云：“神策究天文，妙算穷地理。战胜功既高，知足愿云止”。诸位将军，你们真是神机妙算，上通天文，下晓地理，你们现在打了这么一个了不起的“胜仗”，就知足吧！像你们这样的败军之将，能活着回去就该谢天谢地了，还想让我们国王去朝觐，没门！

光是言语羞辱就罢了，更要命的是，隋朝军队回撤，是要渡过清川江的，军队刚刚过去一半，高句丽军队突然向隋军的后路发起总攻。这样一来，隋军可乱了套，一下子溃不成军。

俗话说兵败如山倒，到了这个时候，兵也顾不了将，将也管不了兵，大家都只顾着没命地往回跑，一天一夜就跑了四百五十里，都快赶上神行太保麦铁杖了。整个军队从清川江一直跑到鸭绿江才站住脚。就这样，进攻平壤的步兵也以惨败告终。检点一下人数，当初渡过辽河的九路大军一共是三十五万五千人，如今撤回来的，只有两千七百人。

不光是士兵损失了这么多，将领的损失也非常惊人。工程技术专家宇文恺，隋初“四贵”之一的观王杨雄，炀帝初年的宰相、杨雄的弟弟杨达，兵部尚书段文振等，都死在这次东征过程中。至于兵器物资的损耗，就更加不计其数了。

水陆两军都败了，损失又这么严重，这仗也没法打下去了。大业八年（612）七月二十五日，隋炀帝下令，班师回朝。就这样，由隋炀帝御驾亲征，并投入百万大军的东征高句丽之战几乎没有任何收获，就以这样窝囊的形式铩羽而归。这可是隋炀帝当皇帝以来的第一次失败。隋炀帝不是想要炫耀兵威国威吗？现在反差如此强烈，隋炀帝也太没有面子了。

怎么向天下人和各国使者交代？隋炀帝羞愤之余，只好诿过于将领，那个阻挠于仲文扣押乙支文德的慰抚使刘士龙被斩首，于仲文、宇文述也都被革职为民。可是，即便诿过于臣子，又能挽回皇帝多少尊严呢？

今天我们回头去看，隋朝这样声势浩大的东征，为什么会以失败告终？原因当然很多，比如高句丽面对强敌，同仇敌忾；比如辽东地区和隋朝内地相隔甚远，物资运输不畅；再比如东北地区的军事战争受到天气制约，只能在三四月份寒冻结束到六七月份雨季来临之间进行，因此无法发挥隋朝人多的优势打持久战；等等。但是，除了这些理由之外，还有两个原因至关重要。

第一个原因是指挥失误。开战之前，隋炀帝根本就没有立足于打，而是希望按照他习惯的方式，靠震慑不战而屈人之兵。正因为如此，他才像组织游行一样组织出兵；他才会二十四路大军并进，不设主帅，互相扯皮，互相牵制；他才会把招降置于打仗之上，让敌人反复钻空子，一再贻误战机。那么，为什么他会有如此重大的失误？还是因为他当皇帝这几年太顺风顺水了，太自信了，自信到了狂妄的程度，被狂妄蒙蔽了双眼。

第二个原因,他原来预期的盟军没有帮忙。隋炀帝征高句丽,本来预期会得到东突厥的大力支持。大业三年（607），隋炀帝还威胁高句丽使者，要率领启民可汗一起去讨伐他。可是，现在到他真正讨伐高句丽的时候，东突厥根本未发一兵一卒。

为什么会这样呢？因为到这个时候,启民可汗已经去世了,他的儿子始毕可汗即位。始毕可汗虽然仍然向隋朝朝贡，但是,对隋朝远没有爸爸那么热情。事实上，他倒是觉得，东突厥和高句丽本来就是唇亡齿寒的关系,他可不愿意看到高句丽灭亡,更不会帮隋朝促进高句丽的灭亡。

始毕可汗的态度说明了什么？说明隋朝的北部边疆其实并没有那么稳定，而且很有可能在酝酿新的风暴。

就这样，因为这场出乎意料的惨败，隋炀帝想要通过征服高句丽来进一步震慑四夷的目的完全落了空，声威大受影响。更重要的是，因为这次战争，隋炀帝大肆征发兵役徭役，让本来已经疲惫不堪的老百姓更加忍无可忍，一场社会风暴正在酝酿之中。

第十七章 再征高句丽

隋炀帝不甘心第一次东征高句丽的失败，半年后再次御驾亲征。吸取教训的隋军凭借优良的兵力，周密的部署安排，即将大获全胜，一雪前耻。然而就在关键时刻，突然发生了一件意外之事，迫使隋炀帝忍痛放弃大好形势，再一次无功而返。这又是怎么回事？

一、渡辽出征

大业八年（612），隋炀帝亲自率领百万大军讨伐高句丽，最后以惨败告终。那么，面对这样的严重失败，隋炀帝有什么反应呢？一般说来，在这种情况下，人的反应无非是两种。

第一种，老老实实地承认失败。一方面安抚遭受重创的百姓，另一方面卧薪尝胆，好好反思，等时机成熟之后，再图大事。

第二种，无论如何不承认失败，而且，越挫越勇，非要较这个劲不可。

那么，隋炀帝属于哪一种情况？他选择了第二种。就在大业九年（613）四月，隋炀帝又率领百万大军，渡过辽河，再度讨伐高句丽。

大败之后，休整刚刚半年就再次出征，这无疑是一个比较冒险的决定。那么，隋炀帝为什么非要这么仓促再战？除了此前提到的那些战争理由继续存在外，还有一个新的原因也非常重要——面子。

第一次讨伐高句丽失败，隋炀帝无论如何都难以接受。他这样一个战无不胜、攻无不克、经历过无数大风大浪的大隋天子，怎么可能在高句丽这样的小河沟里翻船？而且还当着四夷的面，这不是太丢面子了吗？隋炀帝可是个骄傲的皇帝，这个面子，他无论如何都要挽回来，而且越快越好，否则在中原、四夷似乎都很难交代，所以，无论如何，这个仗必须要打。

可能有读者朋友会觉得，打也可以，总不必再亲征了吧？上次亲征并没得到什么好处，隋炀帝这次为什么还不吸取教训？其实，这个问题，不光我们这样想，当时人也这样劝过他。

第一个，左光禄大夫郭荣。他说："戎狄失礼，臣下之事；千钧之弩，不为鼷鼠发机，奈何亲辱万乘以敌小寇乎！"戎狄要是失礼，惩罚他们，是我们做大臣的职责，由我们去办就可以了；能发千钧的弩机，怎么可以用来射杀老鼠呢？您是万乘之尊，怎么可以亲自去对抗那些小小的蛮夷呢？郭荣的意思很明显，皇帝有皇帝的身份和职责，用我们今天常说的一句话总结，杀鸡焉用宰牛刀？

第二个，太史令庾质。这个人在隋炀帝第一次亲征的时候就提过反对意见，这次提得更直接了。他说："陛下若亲动万乘，靡费实多。"陛下您去的话，这战争成本可就大了，本来一百块钱能办成的事儿，一千块钱也办不下来了。

大臣们的劝说都很有道理，那么，隋炀帝有没有可能听进去这些意见呢？完全不可能。因为这就更关乎面子了。上一次，隋炀帝亲征打败了，这次如果派一个将军去倒打胜了，隋炀帝的脸往哪儿放？所以，一听庾质他们的建议，隋炀帝勃然大怒道：“我自行犹不克，直遣人去，安得有功？”我自己去都不能够打赢，派一个将军去，怎么可能赢？因为有这样的心理，所以，大业九年（613）的御驾亲征也就势在必行，无人能够阻挡了。

这次御驾亲征会不会得胜还朝呢？应该说，可能性还是非常大的。因为这一次出征跟第一次相比，多了两个有利条件。

第一，隋炀帝学乖了，不再瞎指挥了。第一次出征，还没打仗，他就先规定了两条基本原则。

第一条原则，任何将领不得擅自开战，遇到情况必须先行禀报。

第二条原则，每支大军都设专管招降的慰抚使，控制将领，把招降看得比打仗还重要。

这两条原则束手束脚，让隋军吃了大亏。这一次，隋炀帝主动把这两条都取消了，不再设慰抚使，而且宣布“听诸将便宜从事”。换句话说，他终于摆正心态，不再幻想天子有征无战，而是真把仗当仗打了，这不就有利于调动将领的积极性了吗？

第二，这次出征，军队的战斗力也有改善。隋朝在原有的府兵之外，增加了一支名叫骁果的军队。所谓“骁果”，字面翻译就是骁勇果敢，为什么骁勇果敢呢？因为这支军队是招募来的，所有的骁果战士，都是志愿兵，这就和府兵有了本质的区别。

要知道，府兵是征发而来的，想参军得参军，不想参军也得参军。因此，府兵里面有好多人都是不情不愿地走上战场，这样的士兵，战斗力能强吗？但骁果战士就不一样了，骁果战士是自愿报名参军，都是渴望通过战争建功立业的人。有道是“知之者不如乐之者，乐之者不如好之者”，喜欢打仗的人，战斗力当然强。

另外，为了保证兵源质量，隋炀帝还刻意提高骁果战士的待遇，不仅免除骁果战士之家的赋役，还让骁果战士隶属于专门负责保卫皇帝的左右备身府，充当皇帝的侍卫亲兵，这一点可太诱人了。俗话说“宰相门房七品官”，更何况是直接跟着皇帝干，进步得多快啊！所以，好多富豪子弟、英雄豪杰都争相应募，骁果之中，人才济济。

如前所述，一征高句丽之所以失败，主要原因在于指挥失当。现在，皇帝不再瞎指挥了，将领有权，再加上士兵精锐，这仗不就容易打了吗？就这样，百万隋军又信心满满地出发了。

二、血战辽东

这一次，隋军准备怎么打呢？总的说来，隋炀帝的战略部署仍然和第一次一样，分兵进发，同时出击。而且，出击的着力点也和第一次一样，仍然是两个。

第一个着力点当然是平壤，这是朝鲜半岛的核心，也是高句丽的首都。

第二个着力点则在辽东城，这是辽东半岛的核心，也是高句丽的东部核心，相当于第二首都。

对于平壤，隋炀帝的安排仍然是海陆并进。陆路的指挥者是隋炀帝最宠信的宰相宇文述，按照部署，他率领大军先一路东进，雄赳赳，气昂昂，跨过鸭绿江，再从鸭绿江南下，直奔平壤。而海路则由大将来护儿统领，从东莱出发，跨海作战，直趋平壤，然后和宇文述两面夹击，合围平壤。

这两个将军，其实都是上次一征高句丽的败军之将，回来之后都被隋炀帝免了职。但是，他们毕竟和高句丽人打过仗，熟悉情况，所以，这一次，隋炀帝依据用功不如用过的用人原则，给他们机会，让他们戴罪立功。这是平壤方向。

辽东方向更不得了，那是和隋朝直接接壤的部分，所以，由隋炀帝亲自督战，集合了大约四十万军队围攻。要知道，辽东城的守军只有三万人，以四十万对三万，那不是以石击卵吗？事实还真不是这样。别看皇帝亲自督战，各路将士奋力拼杀，但是，大军攻城将近一个月，硬是没有攻下来。

为什么会出现这样的局面呢？主要原因是攻城作战太不容易了。高句丽和隋朝的老对手突厥、吐谷浑等游牧民族可不一样，它是农耕民族，善于筑城，也善于守城。辽东城相当于高句丽的第二首都，修筑得特别结实。内外有两层城垣，两个门楼，都是高大坚固。在没有火药、没有大炮的情况下，要想拿下这样的城池非常困难。隋军虽然人数众多，但是一时之间，也发挥不出作用来。

怎么办？为了拿下这座城池，隋炀帝算是把那个年代能想出来的攻城手段都用了一个遍，像什么飞楼、冲车、云梯、地道，轮番上阵，可是，效果都不理想。眼看屯兵城下将近一个月，还是毫无进展，隋炀帝自然着急。就在这时候，隋朝大军之中涌现出一位英雄人物，在很大程度上扭转了局面。谁呢？

此人名叫沈光，是吴兴人，原来是陈朝的子民。他爸爸在陈朝官至吏部侍郎，本来也是官宦子弟出身，后来陈朝灭亡，沈家一下子败落下来，举家迁到了大兴城，没有工作，他爸爸和哥哥都靠给人写信谋生。

本来，亡国之民命运凄惨，一般人可能也就认了，不再挣扎。但沈光不是一般人，他不甘心这样了此一生，就非常用心地结交权贵。他最先结交的对象就是太子杨勇，在杨勇手下当了学士。

没想到，杨勇后来被废，沈光只好回家。后来，他又辗转投到汉王杨谅的手下，给杨谅当府掾，没想到，杨谅举兵造反，而且造反以失败告终，王府就此撤销，沈光只好又回到家里。真可谓挺谁谁死，眼光奇烂。

眼看正常的途径无法出人头地，沈光又改换思维方式，走起了野路子戏马。沈光和一般斯文秀气的南方文人不一样，他是个有武功的人。按照《隋书·沈光传》的说法，就是“光少骁捷，善戏马，为天下之最”。所谓戏马，和如今的马术还不完全一样，有点类似于杂技。耍杂技每个时代都有，沈光怎么就能号称天下第一呢？

因为他技术好，而且不要命。当时大兴城新建了一座寺庙叫禅定寺，寺前立起一座幡杆，高十多丈。可是，幡杆竖起来之后，绳子忽然断了。要把绳子重新挂上去，只能把幡杆砍断，这未免显得太不吉利。怎么办呢？正在和尚们一筹莫展的时候，沈光游逛到了这里，他上下打量了一下幡杆，说：把绳子给我吧，我帮你们挂上去。

如何挂呢？按照《隋书·沈光传》的记载：“光以口衔索，拍竿而上，直至龙头。系绳毕，手足皆放，透空而下，以掌拒地，倒行数十步。”沈光嘴里叼着绳子，拍打着和地面成九十度角的光溜溜的幡竿往上爬，一直爬到顶端龙头部分，把绳子重新系好。按说这已经很不容易了，但是沈光的表演还没结束呢。绳子系好之后，沈光一下把手和脚都放开了，腾空而起，直接落地。十几丈高的幡竿，那是怎样惊人的高度呀？从这样的高度飞身而下，冲击地面的作用力相当大。如何化解这个作用力呢？触地之后，沈光手脚并用，倒退了几十步，然后站起来，毫发无伤。

这不就是传说中的轻功吗？所以当时“观者骇悦，莫不嗟异”，围观的老百姓既开心，又惊叹，都在那儿啧啧称奇，管他叫“肉飞仙”。这样一来，沈光豪杰的名声就奠定了。

大兴城是关陇贵族集团的老家，这个地方的人都勇武豪横，也最崇尚豪杰。沈光身手好，为人又行侠仗义，不拘小节，所以，很快身边就聚拢了一批京师恶少，这些人有的供他喝酒，有的供他吃肉，所以别看沈光没有工作，养家糊口倒是一点儿问题都没有，每天只是呼朋唤友，斗鸡走狗，日子过得还挺滋润。

但是，英雄毕竟是英雄，仅仅把日子过滋润还不行，最重要的还是要实现理想。中国古代人有什么理想？有一句非常经典的说法：“学成文武艺，货与帝王家。”文也罢，武也罢，一定要受皇帝赏识，为国家所用，才算有最终的归宿。

问题是，沈光出身不好，不光是江南亡国之民，而且还在政治上站错了队，有过给废太子杨勇和汉王杨谅打工的前科，这样的人，要想出头可并不容易。可是，现在为了征讨高句丽，隋炀帝招募骁果，只问武艺，不问出身，这样一来，沈光总算是盼来了出头之日，当即报名参军。沈光人缘好，从大兴出发的时候，有一百多人都骑着马来给他送行。沈光目光炯炯地盯着这些朋友，把壮行酒洒到地上，发下重誓说："是行也，若不能建立功名，当死于高（句）丽，不复与诸君相见矣。"此行一定要立功，不成功，即成仁。

现在，隋军攻打辽东城，久攻不下，正是沈光建功立业的机会。就在这种情况下，沈光隆重登场了。

当时，隋朝军队为了攻破辽东城，使用了一种叫冲车的装备。所谓冲车，一般都有四五层高，里面满载士兵，下面装着轮子，可以推着走，上面斜竖着一个长十五丈、包着铁头的木头杆子，就用这木头杆子冲击城墙。然而，辽东城修得过于结实，冲车的冲击力量不够，不管用。

怎么办？沈光一看，就悄悄地从冲车里面爬出来，顺着冲车上面的木头杆子爬上去了。他本来就擅长爬杆，转瞬之间，就上到了冲杆的顶部，然后一跃而下，直接跳上辽东城的城头，挥舞大刀，照着守城士兵的脑袋就砍了下去。守城士兵一点精神准备都没有，马上乱了阵脚，一连被杀了十几个人。

不过，尽管旗开得胜，沈光毕竟是孤军奋战，等高句丽士兵反应过来，一拥而上，沈光一个人当然抵挡不过，一下就从城墙上掉下来了。要知道，辽东城素以高峻著称，这样硬生生地摔下来，就算不死，也得骨折，隋军这边不由得发出一片惊呼。可是谁也没想到，就在沈光即将落地的一刹那，他一把抓住了冲杆上垂下来的绳子，不仅没有摔着，反而像猴子一样，直接顺着绳子爬上去，又斩杀了好几个高句丽士兵，然后滑下冲杆，毫发无伤。

这番举动，把两边的将士都看呆了。这哪里是打仗，简直就是行为艺术了。一时之间，隋军这边扬眉吐气，军心大振。

隋炀帝不是亲自督战吗？亲眼看到了这英雄的一幕。这么英勇的士兵，简直就是大隋军魂！马上把沈光树为典型，一连给了他三大荣誉。

第一，拜沈光为朝散大夫，赐予宝刀良马。这宝刀良马也就罢了，关键是朝散大夫，这是五品官，已经进入中高层。沈光一介白衣，一次战斗，官拜五品，也算是一步登天了。

第二，隋炀帝还把沈光调到自己身边，担任自己的贴身侍卫。而且，就在贴身侍卫里，沈光的待遇也比别人高。按照史书记载，隋炀帝跟他解衣推食，宠幸无比。

第三，隋炀帝还给他写了一首赞美诗。诗名叫《白马篇》：“白马金贝装，横行辽水傍。问是谁家子？宿卫羽林郎。文犀六属铠，宝剑七星光……本持身许国，况复武力彰。会令千载后，流誉满旗常。”一匹白马装饰着金刀贝壳，五彩焕然，横行在辽水之旁。骑着白马的少年郎是谁呢？那就是皇帝的宿卫羽林郎。他穿着犀牛皮做的铠甲，手里的宝剑也闪闪发光。……这个羽林郎梦想着以身许国，他的德行非常高超。而且他不光德行高超，他的武艺也非常高强。因为既有德行又有武艺，即使千年以后，他的赫赫英名还一定会在军旅之中久久传扬。

可能有读者会说，这首诗讴歌的对象，应该是群体形象，而不是个人形象吧？没错，这首诗赞美的确实是隋朝士兵，确切地说，是骁果这个英雄群体，但是，谁敢说这个骑白马、佩宝剑，威风凛凛而又风度翩翩的少年武士，不是以沈光为蓝本塑造的？有了皇帝这样的首肯，不仅沈光建功立业的理想得以实现，隋朝的士气也一下子振奋了不少。

虽然沈光骁勇，他的英雄行为也起到了鼓舞士气的作用，但是，终究还是无法改变辽东城的战局胶着状态。

怎样才能把辽东城拿下来呢？隋炀帝绞尽脑汁，终于想出了一个办法。他让人赶制了一百多万条布袋子，分发给士兵，让他们把布袋子里都装满土，然后一袋子一袋子地从营地一直往辽东城的城下堆，最后堆成一个宽三十步，最高高度和辽东城齐平的斜坡，这个斜坡的名字隋炀帝都想好了，就叫鱼梁大道。一旦这个鱼梁大道修成，隋朝的士兵迈着方步就可以攻上去了，到那时，高句丽的三万士兵就只有束手就擒的份了。所以，虽然在堆沙袋的过程中受到高句丽居高临下的打击，造成不少伤亡，但是，隋炀帝还是咬紧牙关往前推进，毕竟隋军人多，拼消耗还是拼得起的。到六月下旬，眼看这鱼梁大道就要完工了，这意味着总攻马上就要开始，隋炀帝的心里乐开了花。

有道是“好事成双”，这时候，不仅辽东战场的形势一片大好，平壤方向的推进也相当顺利，宇文述已经率领陆路大军来到鸭绿江边，准备渡江作战。而水军统帅来护儿也统帅士兵，齐集东莱，随时准备扬帆起航。在隋炀帝看来，只要再有几天的时间，顶多半个月，这场战争就可以结束了，想想都令人扬眉吐气。

三、狼狈撤军

可是，就在总攻即将开始，胜利的曙光就在眼前的时候，一个满面烟尘的骑兵忽然出现在隋炀帝的大帐之前，翻身下马，呈上一封密信。隋炀帝一看这封密信，当即脸色变了。怎么回事呢？原来，负责给隋朝远征军督运粮草的礼部尚书杨玄感在黎阳（今河南浚县东北）举兵造反了！这可让隋炀帝一下子慌了神。慌在哪里呢？

首先，运粮官造反，意味着马上粮草难以为继，没了粮草，出征在外的大军就算不打仗，也要饿死了！

其次，这次出征，好多追随隋炀帝的文官武将都把子弟留在了洛阳，现在杨玄感逼近东都，这些孩子可都成了他的囊中之物，孩子在杨玄感手里，这些官员能踏实吗？

最后，东都洛阳可是隋王朝的命根子，一旦被杨玄感占领，岂不是意味着隋朝的半壁江山都面临危险？

想到这里，隋炀帝真是心乱如麻。面对这么一个突发情况，隋军到底何去何从？隋炀帝不是傻瓜，当然知道孰轻孰重，高句丽再可恨，毕竟属于肢体之疾，而杨玄感造反，东都不保，那可就是关系到隋朝前途命运的心腹之疾了，隋炀帝怎么能为了肢体而丢掉心腹呢！所以，第一个反应自然是立刻撤军，回去灭火。

问题是，如果这时候撤军，那真等于煮熟的鸭子又飞了，此前的一切努力都付之东流，放在谁身上谁都不甘心啊！

就在这时候，又发生了一件事，让隋炀帝不敢再犹豫了。什么事呢？兵部侍郎斛斯政投降高句丽了。说起来，斛斯政投降仍然是杨玄感造反的连带后果。斛斯政出身关陇贵族集团，祖上都是武将，本人也非常有才干，很受隋炀帝宠信。所以，这次出征高句丽，隋炀帝让他掌管军机，相当于总参谋长的角色。

要命的是，斛斯政不光跟隋炀帝好，他跟杨玄感也关系不错。杨玄感造反之前，曾经跟斛斯政有过联系，还让他帮自己伪造两份文牒，让自己的两个弟弟都从隋炀帝身边逃出来，回来帮自己一块儿造反。要知道，关陇贵族是一家，彼此都是打断骨头连着筋的关系，所以，斛斯政也就帮了这个忙。现在，隋炀帝严令追查杨玄感的党羽，斛斯政坐不住了，这件事一旦败露，肯定要被隋炀帝杀头！

斛斯政的狼狈处境是杨玄感造成的，按道理讲应该投奔杨玄感才对，然而，他这时候想要千里迢迢投奔杨玄感，肯定不可能。怎么办呢？眼前只有一条路可走，那就是投奔高句丽了！所以，就在大业九年（613）六月二十六日深夜，兵部侍郎斛斯政居然趁着夜黑风高投敌了！这不是屋漏偏逢连夜雨吗？

第二天早晨醒来，隋炀帝听到这个消息，真是苦不堪言。斛斯政是隋炀帝身边的总参谋长，对隋朝的军事部署了如指掌，他这一投敌，就等于隋朝所有的军事机密都曝光了。怎么处置这个叛徒呢？赶紧追吧。隋炀帝下令，让将作少监阎毗率领两千骑兵，火速追击。可是，斛斯政已经走了半夜，怎么可能追得上呢？

这样一来，隋炀帝已经没有选择，只好撤军。大业九年（613）六月二十八日凌晨，隋炀帝突然召见将领，传令军队轻装撤退。这次轻装撤退的情况，《资治通鉴》写得非常清楚："军资、器械、攻具，积如丘山；营垒、帐幕、案堵不动，皆弃之而去。”一句话，丢盔弃甲，狼狈逃窜。

要知道，杨玄感起兵也好，斛斯政投敌也好，都是隋朝的最高军事机密，一般士兵，乃至中下级军官都无从知晓，现在仗打得好好的，眼看胜利在望，忽然这么狼狈撤退，士兵都不知道怎么回事，一时间小道消息满天飞，都在自己吓自己，队伍也越走越乱。

隋朝的军队纳闷，辽东城内的高句丽士兵更纳闷。眼看隋朝的鱼梁大道就要合龙，他们都觉得自己命在旦夕，都打算跟辽东城同归于尽了，没想到一早起来，居然一夜之间地覆天翻。每天热闹的大隋军营现在空空荡荡，鸦雀无声，军资器械都乱扔在那里，堆成了一座座小山。

高句丽将领不敢相信自己有这么好的运气，还以为是隋军在玩空城计，故意引蛇出洞。所以，继续下令紧闭城门，严防死守。一直过了两天，确信隋军不是玩鬼把戏，而是真的撤退了，这才派出几千士兵，出来追杀。不过，毕竟隋军人多，威慑力还是有的。高句丽的士兵也不敢太过分，只是在后面跟着。一直等到隋军主力都渡过辽河，只剩下几千老弱残兵的时候，这才一拥而上，把这几千老弱残兵消灭了。

这边辽东半岛的大军一撤退，在东莱待命的来护儿水军也自动撤军，回援东都。就这样，隋炀帝第二次大举东征高句丽又以失败告终，而且，是功败垂成。说起来，这次失败真是太冤枉了，连我们在千年以后都不免替隋炀帝发出一声叹息，真是时乖运蹇，英雄无命！

那么，改变了整个战局的杨玄感究竟是何许人？他为什么要在这个节骨眼上造反呢？

后记

十二年，弹指一挥间。那时候，我三十出头，对电视一无所知。懵懵懂懂间，纵身一跃，就跳上了《百家讲坛》。现在，我都四十又五，人到中年。偶尔，走到外面，还有人介绍说，这是《百家讲坛》最年轻的主讲人，我也只好笑一笑，补充上两个字——“曾经”。武则天曾经是泪眼婆娑的绝望尼姑，杨广曾经是气吞六合的风流天子。然而，几十年的风烟散去，武则天成了“政启开元，治宏贞观”的一代女皇，而杨广则成了“好内远礼，逆天虐民”的隋炀帝。结局和曾经之间，该有多大的距离！那么，我呢？我知道，人生本来就是开放式结局，那曾经的因，其实没有必然的果。外在的环境总在改变，自己的理想也未必恒定吧。在执着与鼎新之间，到底应该怎样取舍、怎样平衡呢？当年，看冰心先生所集龚自珍诗句“世事沧桑心事定，胸中海岳梦中飞”中的境界，真是羡煞。沧海横流，能让心定下来的力量，到底是什么呢？是良知，是梦想，还是清风明月，右史左图？

十二年，一轮。对人生而言，该是一个小段落了。在这个段落结束之后，我想稍事停留，给自己一个思考的余地。或许，等再读几本书，想明白几个道理之后，我还会跳上这个或者那个讲坛？毕竟，在我心里，一直回荡着古人的豪情：试上小红楼，论诗说剑；更尽一杯酒，举首高歌！

蒙曼

2020年4月于北京